HERBERT DONNER

# EINFÜHRUNG IN DIE BIBLISCHE LANDES- UND ALTERTUMSKUNDE

# DIE THEOLOGIE

Einführungen in Gegenstand, Methoden und Ergebnisse
ihrer Disziplinen und Nachbarwissenschaften

1976
WISSENSCHAFTLICHE BUCHGESELLSCHAFT
DARMSTADT

HERBERT DONNER

# EINFÜHRUNG IN DIE BIBLISCHE LANDES- UND ALTERTUMSKUNDE

1976
WISSENSCHAFTLICHE BUCHGESELLSCHAFT
DARMSTADT

CIP-Kurztitelaufnahme der Deutschen Bibliothek

**Donner, Herbert**
Einführung in die biblische Landes- und Altertumskunde. — 1. Aufl.
(Die Theologie)
ISBN 3-534-06344-9

45

Bestellnummer 6344


Satz: Maschinensetzerei Janß, Pfungstadt
Druck und Einband: Wissenschaftliche Buchgesellschaft, Darmstadt
Printed in Germany
Schrift: Linotype Garamond, 9/11

ISBN 3-534-06344-9

## INHALTSVERZEICHNIS

# VORWORT

Dieser ›Einführung‹ kann kein dringlicherer Wunsch vorausgeschickt werden als der, daß man ihren Begriff und die in ihm enthaltenen Einschränkungen ernst nehmen möge. Plan und Anlage der Reihe zwangen zur Kürze und zur Reduktion der Vielfalt auf die Hauptlinien. Der Leser hat die Möglichkeit, sich auf dem Wege über die Literaturangaben weiterzuhelfen.

Auf die Beigabe von Kartenmaterial ist verzichtet worden. Übersichtskarten hätten nur geringen Nutzen, und Einzelkarten wären über den gegebenen Umfang des Buches weit hinausgegangen. Es gibt zahlreiche mehr oder weniger brauchbare Bibelatlanten auf dem Markt (vgl. Literaturübersicht und Arbeitsmittel, C. Atlanten). Man kann sich ihrer mit unterschiedlichem Gewinn bedienen. Der mit Abstand beste unter ihnen — H. Guthe, Bibelatlas (1926²) — ist leider seit langem nicht mehr greifbar.

Bei der Beschreibung des Landes und seiner Teile, der Bezeichnung von Geländeformationen und der topographischen Festlegung antiker Ortschaften sind ausschließlich arabische Namen angegeben. Die modernen israelischen Toponyme sind zwar gebräuchlich und geläufig, aber ohne Tradition, zumeist erst im 20. Jahrhundert gegeben und daher wissenschaftlich nicht zu brauchen. Zur Wiedergabe arabischer Wörter und Namen ist das Umschriftsystem der Deutschen Morgenländischen Gesellschaft (DMG) und des Deutschen Vereins zur Erforschung Palästinas (DPV) verwendet.

Tübingen, im April 1975 H. Donner

# EINLEITUNG

„Wer Athen gesehen hat, lernt auch die griechische Geschichte besser verstehen, und wer zu Schiff von Troja über Leukas und Akrokeraunia nach Sizilien und weiter zur Tibermündung gefahren ist, der begreift das dritte Buch Vergils. Geradeso sieht man auch die Heilige Schrift mit anderen Augen an, wenn man Judäa gesehen hat und die alten Stätten und Landschaften kennt, mögen sie inzwischen die alten Namen behalten oder geändert haben."

*St. Hieronymus, Paral. prolog.*

Hieronymus (ca. 347—419/20) ist der erste christliche Theologe, von dem wir wissen, daß er den Wert der Kenntnis Palästinas und seiner Altertümer für die Erforschung der Bibel beider Testamente formuliert hat. Die von ihm genannten Motive haben die Disziplin der Biblischen Landeskunde begründet und im Laufe ihrer Geschichte nachhaltig gefördert. Die wissenschaftliche Erforschung der physikalischen und historischen Geographie Palästinas ist aus dem Interesse an der Bibel erwachsen und ohne dieses Interesse kaum denkbar. Sie wird jedenfalls selbst heute, im Zeitalter der strengen, ausschließlich vom Gegenstande bestimmten wissenschaftlichen Methodik, keineswegs so betrieben wie etwa die Geographie Australiens oder des südamerikanischen Subkontinents. Palästina ist das Land der Bibel, und die Biblische Landeskunde ist und bleibt eine Hilfswissenschaft der biblischen Disziplinen.

Biblische Landeskunde kann nicht nur vom Schreibtisch aus betrieben werden. Man muß das Land besucht haben. Der Besuch Palästinas beginnt schon früh, bereits im Zeitalter der Alten Kirche. Zunächst waren es die Pilger, zumeist abendländischer Herkunft und lateinischer Zunge, die ins Land kamen; der Wallfahrerstrom ist bis zur Gegenwart nicht abgerissen. Natürlich ist von Pilgern die Begründung einer wissenschaftlichen Landeskunde Palästinas nicht zu erwarten; sie suchten nicht eigentlich das Land, sondern seine Heiligen Stätten. Doch haben die zahlreichen Reiseberichte der alten Pilger die ersten Nachrichten über Palästina nach dem Abendlande gebracht.

Die wichtigsten stammen aus dem 4.—8. Jh.: das *Itinerarium Burdigalense* (Stationenverzeichnis eines Anonymus aus Bordeaux vom Jahre 333), der Reisebericht einer Nonne namens Aetheria oder Egeria (385—388), die von Hieronymus im *Epitaphium Sanctae Paulae* (404) beschriebene Pilgerfahrt der römischen Patrizierin Paula und ihrer Tochter Eustochium (385/6), das sog. *Antonini Placentini Itinerarium* eines Anonymus aus Piacenza (um 570), das unter dem Namen *Adamnani de locis sanctis libri tres* erhaltene Diktat des gallischen Bischofs Arkulf (um 670), die Reisebeschreibung des Bischofs Willibald von Eichstätt (723—726) u. a. m.

Die Pilgerberichte werden seit dem Mittelalter, bes. seit den Kreuzzügen, zwar zahlreicher, aber zunehmend literarisch voneinander abhängig und damit weniger ertragreich. Daß als Quellen für die Biblische Landeskunde auch die Nachrichten der byzantinischen und arabischen Geographen und Historiker in Betracht kommen, versteht sich von selbst.

*Literatur:* T. Tobler—A. Molinier, Itinera Hierosolymitana et descriptiones terrae sanctae I. Publications de la Société de l'Orient Latin, Série géographique I/II (1879). — P. Geyer, Itinera Hierosolymitana saeculi IIII—VIII. CSEL 39 (1898). — Corpus Christianorum, Series Latina CLXXV: Itineraria et alia Geographica (1965). — R. Röhricht, Bibliotheca geographica Palaestinae. Chronologisches Verzeichnis der auf die Geographie des Hl. Landes bezügl. Literatur von 333—1878 und Versuch einer Cartographie (1890, Nachdruck 1963). — A. Baumstark, Abendländische Palästinapilger des 1. Jahrtausends und ihre Berichte. Eine kulturgeschichtl. Skizze. Görres-Gesellschaft z. Pflege der Wissenschaft im kath. Deutschland, 2. Vereinsschrift f. 1906 (1906). — B. Kötting, Peregrinatio religiosa (1950). Weiteres unten S. 7 (Historische Palästinakunde).

Aus dem Altertum verdienen ferner zwei Leistungen hohen Ranges der Erwähnung, deren Wert für die Biblische Landeskunde, besonders für die frühchristliche Topographie Palästinas nicht leicht überschätzt werden kann:

1. Eusebius von Caesarea (260/65—339), Onomastikon der biblischen Ortsnamen, von Hieronymus ins Lateinische übersetzt und ergänzt; beide Fassungen hrsg. von E. Klostermann, GCS 3 (1904, Nachdruck 1966).
2. Die Mosaikkarte von Madeba (Mitte 6. Jh.), die älteste kartographische Darstellung Palästinas und der angrenzenden Länder auf dem Fußboden einer griech.-orth. Kirche in Madeba (ca. 30 km südl. von Amman/Jordanien), entdeckt 1884. Vgl. die lithographierten Farbzeichnungen bei P. Palmer—H. Guthe, Die Mosaikkarte von Madeba I (1906). — M. Avi-Yonah, The Madaba Mosaic Map (1954). — H. Donner—H. Cüppers, Die Restauration und Konservierung der Mosaikkarte von Madeba. ZDPV 83 (1967) 1—33.

Die wissenschaftliche Palästinakunde, d. h. die systematische Erforschung und Beschreibung der physikalischen Geographie Palästinas und des Einflusses der Landesnatur auf die Bewohner wie der Umgestaltung des Landes durch die Bewohner, begann zu Anfang des 19. Jahrhunderts. Wiederum waren es Reisende, freilich nicht Pilger, sondern Forschungsreisende, die das Land unter unsäglichen Mühen zu Fuß, mit Eseln oder zu Pferde durchzogen und ihre Einsichten in Tagebüchern und Reisebeschreibungen festhielten.

Die Wichtigsten sind: 1. Ulrich Jasper Seetzen's Reisen durch Syrien, Palästina, Phönicien, die Transjordan-Länder, Arabia Petraea und Unter-Ägypten. Hrsg. von F. Kruse, 4 Bde. (1854—59, Datum der Reise 1805—09). 2. Johann Ludwig Burckhardt's Reisen in Syrien, Palästina und der Gegend des Berges Sinai. Aus dem Englischen, hrsg. von W. Gesenius, 2 Bde. (1823/24, Datum der Reise 1810—12). 3. E. Robinson und E. Smith, Palästina und die südlich angrenzenden Länder. Tagebuch einer Reise im Jahre 1838 in Bezug auf die Biblische Geographie, 3 Bde. (1841/42). 4. E. Robinson und E. Smith, Neuere biblische Forschungen in Palästina und in den angränzenden Ländern. Tagebuch einer Reise im Jahre 1852 (1857). 5. T. Tobler, Zwei Bücher Topographie von Jerusalem (1853/54). — Ders., Bethlehem in Palästina (1849). — Ders., Nazareth in Palästina (1868). 6. A. Musil, Arabia Petraea, 2 Bde. (1907/08).

Was diese und andere Forschungsreisende für die Biblische Landeskunde geleistet haben, ist noch nicht zur Hälfte ausgeschöpft und verwertet. Indessen konnte es nicht bei Reisen Einzelner bleiben. Es machte sich zunehmend das Bedürfnis geltend, bestimmte Landstriche genauer aufzunehmen und zu beschreiben. Dieses Bedürfnis führte nach der Mitte des 19. Jahrhunderts zur Gründung von wissenschaftlichen Vereinigungen, die alsbald die kartographische Aufnahme Palästinas begannen, archäologische Beobachtungen mitteilten und die ersten, noch sehr unvollkommenen Ausgrabungen in Gang brachten.

1865: The Palestine Exploration Fund (London). Zeitschrift: Palestine Exploration Fund Quarterly Statements (PEF Qu. St.), seit 1937 umbenannt in Palestine Exploration Quarterly (PEQ). Kartenwerk: Map of Western Palestine, 26 Blatt, 1 : 63 360 (1872—78); dazu die Landesbeschreibung Survey of Western Palestine (1881—1888).

1877: Deutscher Verein zur Erforschung Palästinas (Leipzig, seit 1952 Bonn). Zeitschrift: Zeitschrift des Deutschen Palästinavereins (ZDPV) seit 1878. Kartenwerk: Karte des Ostjordanlandes, 10 Blatt, 1 : 63 360 (1908—24); dazu die Beschreibung von C. Steuernagel, Der ᶜAdschlun (1927).

1882: Orthodoxe Palästinagesellschaft (St. Petersburg). Zeitschrift: Pravoslavnyj Palestinskij Sbornik (PPS) seit 1883, gegenwärtig unregelmäßig als Palestinskij Sbornik (PS) erscheinend.

Kurz vor der Jahrhundertwende begann die Einrichtung von Forschungsinstituten in Palästina (Jerusalem) selbst, die eine wesentliche Belebung der Arbeit zur Folge hatte. Den Anfang machten die französischen Dominikaner der École pratique d'études bibliques du Couvent St. Etienne (H. Vincent, F.-M. Abel, R. de Vaux); sie gaben seit 1892 die Zeitschrift Revue Biblique (RB) heraus. Es folgten die Amerikaner mit der American School of Oriental Research (W. F. Albright, P. W. Lapp); Publikationsorgane: Bulletin of the American Schools of Oriental Research (BASOR), Annual of the American Schools of Oriental Research (AASOR), The Biblical Archaeologist (BA). Als Folge des Besuches Kaiser Wilhelms II. 1898 in Jerusalem wurde 1902 das Deutsche Evangelische Institut für Altertumswissenschaft des Hl. Landes gegründet (G. Dalman, A. Alt, M. Noth). Das Institut gab von 1905 bis 1941 das Palästinajahrbuch (PJB) heraus; es veranstaltet seit seiner Gründung jährliche Lehrkurse mit ausgewählten Stipendiaten der Evangelischen Landeskirchen Deutschlands. Das letzte der größeren in Palästina selbst eingerichteten Forschungsinstitute ist die British School of Archaeology (bes. gefördert von K. Kenyon). Die politische Teilung Palästinas nach dem israelisch-arabischen Krieg von 1947—49 und die Ausrufung des Staates Israel beschränkten die Arbeit der Institute im wesentlichen auf die jordanischen Landesteile. Seit dem Krieg von 1967 ist zwar das israelische Territorium dazugekommen, dafür sind aber die ostjordanischen Gebiete weitgehend ausgefallen. Der Staat Israel hat seit seiner Gründung die Erforschung der zu ihm gehörigen oder ihm zugänglichen Gebiete kräftig gefördert und institutionell weitgehend in eigene Hände genommen.

An deutschen Universitäten wird die Biblische Landeskunde mit unterschiedlicher Intensität als Hilfsdisziplin der alttestamentlichen Wissenschaft betrieben. In der Bundesrepublik Deutschland gibt es besondere Universitätsinstitute in Tübingen und (bis vor kurzem) in Mainz, in der DDR das Gustaf-Dalman-Institut in Greifswald. Von diesen wissenschaftlichen Einrichtungen ist das Institut für Biblische Archäologie an der Universität Tübingen das größte und am besten ausgestattete.

# LITERATURÜBERSICHT UND ARBEITSMITTEL (IN AUSWAHL)

## A. Monographien zur physikalischen und historischen Geographie

G. Ebers—H. Guthe, Palästina in Bild und Wort, nebst der Sinaihalbinsel und dem Lande Gosen, 2 Bde. (1882). — G. A. Smith, The Historical Geography of the Holy Land (1894, $1931^{25}$, Nachdruck 1966/67). — F. Buhl, Geographie des alten Palästina. Grundriß der theol. Wissenschaften II, 4 (1896). — H. Guthe, Palästina. Monographien zur Erdkunde 21 ($1927^{2}$). — R. Koeppel, Palästina. Die Landschaft in Karten und Bildern (1930). — F.-M. Abel, Géographie de la Palestine, 2 Bde. (1933/38, Nachdruck 1967). — Ders., Histoire de la Palestine depuis la conquête d'Alexandre jusqu'à l'invasion arabe, 2 Bde. (1952). — J. Press, Studies in Palestinology and Biblical Topography I—XI (hebr.) (1951—61). — M. Noth, Die Welt des Alten Testaments ($1962^{4}$). — M. du Buit, Géographie de la Terre Sainte (1958). — J. Simons, The Geographical and Topographical Texts of the Old Testament (1959). — M. Avi-Yonah, Historische Geographie des Landes Israel (hebr.) (1962). — S. Abramsky, Ancient Towns in Israel (1963). — P. Naeman, Encyclopedia of Biblical Geography 1 (hebr.) (1963). — J. H. Landau (ed.), Schedule of Historical Monuments and Sites in Israel. Reshumot 1091 (1964) 1349—1561. — Y. Aharoni, The Land of the Bible: A Historical Geography (1966, $1967^{2}$). — R. Blanchard—M. du Buit, La Terre de la Promesse. Géographie de la Terre Sainte (1965, engl. 1966). — D. Baly, Geographisches Handbuch zur Bibel (1966, $1973^{3}$). — R. Orni—E. Efrat, Geography of Israel (1966); Geographie Israels, auf Deutsch neuverfaßt (1966). — M. Avi-Yonah, The Holy Land from the Persian to the Arab Conquests. A Historical Geography (1966). — H. W. Hertzberg, Blicke in das Land der Bibel ($1967^{5}$). — C. F. Pfeiffer—H. F. Vos, The Wycliffe Historical Geography of Bible Lands (1967). — A. Parrot, Land of Christ. Archaeology, History, Geography (1968). — H. Bar-Deroma, Nahal Aithan. A Series of Studies on the Bible and the Land of the Bible (1968). — D. Nir (ed.), Studies in Geography. Scripta Hierosolymitana (1968). — A. Alon, The Natural History of the Land of the Bible (1969). — H. C. Reese (ed.), Area Handbook for the Hashemite Kingdom of Jordan (1969). — R. North, Stratigraphia Geobliblica. Biblical Near East Archaeology and Geography (1970). — Y. Karmon, Israel. A Regional Geography (1971). — H. H. Rowley, Dictionary of Bible Place Names (1970/71). — Y. Ben-Arieh, A Geographical Approach to Historical Geography. Studies in the Geography of Israel 7 (1970) 138—160 (hebr.). — M. Avi-Yonah, Das Heilige Land. Buchers Führer zu den Zentren der Kultur (1973).

## B. Kartenwerke

Map of Western Palestine (PEF), 26 Blätter 1: 63 360 (1872—1878). — Karte des Ostjordanlandes (DPV), 10 Blätter 1: 63 360 (1896—1902, veröffentlicht 1908—1924). — Karte von Palästina (Reichsamt für Landesaufnahme), 39 Blätter 1 : 50 000, 7 Blätter 1 : 25 000. — Palestine (Survey of Palestine), 165 Blätter 1: 20 000 (1932, veröffentlicht 1941). — Palestine (Survey of Palestine), 16 Blätter 1 : 100 000 (1943, israelische Nachdrucke mit hebr. Legenden). — South Levant (Field Survey), 20 Blätter 1 : 100 000 (1946). — The Hashemite Kingdom of Jordan (Department of Lands and Surveys of the Jordan), 4 Blätter 1: 250 000 (1949, israelische Nachdrucke mit hebr. Legenden). — Geological Map of Jordan, East of the Rift Valley (Department of Lands and Surveys of the Jordan), 3 Blätter 1: 250 000 (1945). — Archaeological Map of the Hashemite Kingdom of the Jordan (Department of Lands and Surveys of the Jordan), 3 Blätter 1: 250 000 (1949). — D. Nir, Geomorphological Map of the Judean Desert 1: 100 000. Scripta Hierosolymitana 15 (1965).— Z. Friedlander, Israel Road Map 1: 200 000 / 1: 500 000 (1966). — E. Efrat, Physical Master Plan of the Jerusalem-Ashdod Region (1967). — J. Dan—Z. Raz, 1: 250 000 Map of Soil Groups of Israel (hebr.) (1970).

## C. Atlanten

H. Guthe, Bibelatlas (1926$^{2}$). — The Westminster Historical Atlas of the Bible, ed. by G. E. Wright, F. V. Filson, W. F. Albright (1946, 1956$^{2}$). — L. H. Grollenberg, Atlas van de Bijbel (1955); franz. und engl. Ausgabe 1956; deutsche Ausgabe 1959, 1963$^{4}$. — Ders., Kleiner Bildatlas zur Bibel (deutsche Ausgabe 1960). — E. G. Kraeling, Rand McNally Bible Atlas (1956). — H. G. May, Oxford Bible Atlas (1962, 1974$^{2}$). — N. Gara, Israel. Atlas de voyages (1963). — H. Fullard (ed.), Philips' Scripture Atlas (1962). — L. Tellier—X. de Goesbriand, Atlas historique de l'Ancien Testament (1962). — F. H. Hilliard, Behold the Land. A Pictorial Atlas of the Bible (1963). — Y. Aharoni, Carta's Atlas of the Bible (hebr.) (1964). — P. Lemaire—D. Baldi, Atlante biblico (1964$^{2}$). — R. Roolvink, Historical Atlas of the Muslim Peoples (1964). — M. Avi-Yonah, Carta's Atlas der nachexilischen und talmudischen Periode (hebr.) (1966$^{2}$). — H. H. Rowley (ed.), Students' Bible Atlas (1965, deutsche Ausgabe 1965). — Y. Aharoni—M. Avi-Yonah, The Macmillan Bible Atlas (1968). — Z. Vilnay, The New Israel Atlas (1968). — J. H. Negenman, Großer Bildatlas zur Bibel (1969). — G. Pesce, Atlante biblico. Geografia — Topografia — Prospetti storici della Bibbia (1969, 1973$^{2}$, franz. Ausgabe 1972). — H. H. Rowley, Atlas de la Bible. Histoire, géographie, chronologie (1969). — M. H. Blaiklock, The Zondervan Pictorial Bible Atlas (1969). — Atlas of Israel, ed. by D. H. K. Amiran a. o. (1970$^{2}$). — D. Baly—A. D. Tushingham, Atlas of the Biblical World (1971). — Atlas of Jerusalem. Prepared by the Department of Geography, The Hebrew University of Jerusalem (1973).

## D. Bildwerke

L. Preiss—P. Rohrbach, Palästina und das Ostjordanland (1925). — G. Dalman, Hundert deutsche Fliegerbilder aus Palästina (1925). — H. Bardtke, Zu beiden Seiten des Jordans (1958). — Ders., Vom Roten Meer zum See Genezareth (1962). — Ders., Vom Nildelta zum Sinai (1967). — G. Eichholz, Landschaften der Bibel (1963, 1972³). — J. Evans, The Voice of the Holy Land (1964). — R. North, Archeo-Biblical Color Slides (360 diapositivi in 30 seriebus). Pontificio Istituto Biblico (1967). — H. Reich (ed.), Jerusalem. Terra magica — Bildband (1968). — E. Lessing, Die Bibel. Die Geschichte Israels und seines Glaubens in Bildern erzählt (1969). — H. Cazelles, J. Bottéro, E. Lessing u. a., Vérité et poésie de la Bible (1969). — A. Senfter, Jahwes Land. Bilder aus dem Land der Bibel (1969²). — C. M. Jones, Old Testament Illustrations, Photographs, Maps and Diagrams (1971). — R. Leconte—S. Pagano, La Terre Sainte vue du ciel. Bible et Terre Sainte 146 (1972).

## E. Historische Palästinakunde

*Ausgewählte Arbeiten:* J. Gildemeister, Beiträge zur Palästinakunde aus arabischen Quellen. ZDPV 4 (1881) 85—92; 6 (1883) 1—12; 7 (1884) 143 bis 172. 215—232; 8 (1885) 117—148. — R. Röhricht, Studien zur mittelalterlichen Geographie und Topographie Syriens. ZDPV 10 (1887) 195—345; 11 (1888) 139—149; 12 (1889) 33 f.; 18 (1895) 82—87. — Ders., Karten und Pläne zur Palästinakunde aus dem 7.—16. Jh. ZDPV 14 (1891) 8—11. 87—92. 137—141; 15 (1892) 34—39. 185—192; 18 (1895)) 173—182. — Ders., Marino Sanudo als Kartograph Palästinas. ZDPV 21 (1898) 84—126. — P. Thomsen, Palästina nach dem Onomastikon des Eusebius. ZDPV 26 (1903) 97—188. — Ders., Untersuchungen zur älteren Palästinaliteratur. ZDPV 29 (1906) 101—132. — M. Noth, Die topographischen Angaben im Onomastikon des Eusebius (1943). ABLAK 1 (1971) 309—331. — T. Tobler, Bibliographia geographica Palaestinae (1867, Nachdruck 1964). — P. de Lagarde, Onomastica Sacra (1887², Nachdruck 1966). — P. Thomsen, Loca Sancta I. Verzeichnis der im 1. bis 6. Jh. n. Chr. erwähnten Ortschaften Palästinas mit bes. Berücksichtigung der Lokalisierung der biblischen Stätten (1907, Nachdruck 1966). — Z. Vilnay, The Holy Land in Old Prints and Maps (1963, 1965²). — A. Neubauer, La géographie du Talmud (1965). — C. Hollis—R. Brownrigg, Hl. Stätten im Hl. Land. Jüdische, christliche u. islamische Baudenkmäler im Hl. Land (1969). — W. Borée, Die alten Ortsnamen Palästinas (1930, Nachdruck 1968). — O. H. Schmidt, Ortsnamen Palästinas in der Kreuzfahrerzeit (Register). ZDPV 86 (1970) 117—164.
*Reisebeschreibungen:* H. Maundrell, A Journey from Aleppo to Jerusalem in 1697 (Nachdruck 1963). — Carsten Niebuhr, Beschreibung von Arabien (1772, Nachdruck 1969). — Ders., Reisebeschreibung nach Arabien und den umliegenden Ländern, 3 Bde. (Nachdruck 1968). — J. L. Burckhardt, Reisen in

Arabien (1830, Nachdruck 1963). — T. Wright (ed.), Early Travels in Palestine (1848, Nachdruck 1968). — H. Michelant—G.Raynaud, Itinéraires à Jérusalem et descriptions de la Terre Sainte, rédigés en français aux $\text{XI}^{e}$, $\text{XII}^{e}$, $\text{XIII}^{e}$ siècles (1882, Nachdruck 1966). — The Library of the Palestine Pilgrims' Text Society. Translated by A. Stewart, G. Le Strange a. o. (1885—87, Nachdruck 1971). — B. de Khitrowo, Itinéraires russes en Orient (1889, Nachdruck 1966). — R. Röhricht, Deutsche Pilgerreisen nach dem Hl. Lande (1900, Nachdruck 1967). — E. N. Adler, Jewish Travellers. A Treasury of Travelogues from 9 Centuries (1930, Nachdruck 1966). — M. Ish-Shalom, Christian Travels in the Holy Land (hebr.) (1965). — J. Wilkinson, Egeria's Travels (1971). — H. Donner, Die Palästinabeschreibung des Epiphanius Monachus Hagiopolita I. ZDPV 87 (1971) 42—91. — B. Dichter, The Maps of Acre; an Historical Cartography (1973).

## F. Kulturgeschichte

S. Krauss, Synagogale Altertümer (1922). — Ch.-F. Jean, Le milieu biblique avant Jésus-Christ I—III (1922—36). — I. Benzinger, Hebräische Archäologie ($1927^{3}$). — J.-A. Jaussen, Coutumes Palestiniennes (1927). — G. Dalman, Arbeit und Sitte in Palästina I—VII (1927—42, Nachdruck 1964). — A.-G. Barrois, Manuel d'archéologie biblique I/II (1939/53). — F. Nötscher, Biblische Altertumskunde (1940). — R. J. Forbes, 45 Jahrhunderte Glastechnik. Ciba-Rundschau, Basel 1963, fasc. 5. — J. Schmidt, Straßen in altorientalischen Wohngebieten. Eine Studie z. Geschichte d. Städtebaus in Mesopotamien und Syrien. Baghdader Mitteilungen 3 (1964) 125—147. — J. Laver, Costume in Antiquity (1964). — R. J. Forbes, Studies in Ancient Technology I—IX ($1964^{2}$—$1972^{2}$). — E. Marx, The Beduin of the Negev (1967). — P. J. Ucko—G. W. Dimbleby, The Domestication and Exploitation of Plants and Animals (1967). — G. Garbini, Alte Kulturen des Vorderen Orients. Architektur, Wandmalerei, Plastik, Keramik, Metallarbeiten, Siegel. Schätze der Weltkunst 2 (1968). — P. Horn (mit W. Baumgartner), Textilien in biblischer Zeit. Ciba-Rundschau, Basel 1968, fasc. 2, 3—37. — P. Lampl, Cities and Planning in the Ancient Near East (1968). — D. B. Harden, Ancient Glass I: Pre-Roman. Archaeological Journal 125 (1968) 46—72. — K. R. Maxwell-Hyslop, Western Asiatic Jewellery c. 3000—612 B.C. (1971). — J. Wiesner, Fahren und Reiten in Alteuropa und im Alten Orient (1939, Nachdruck 1971). — A. L. Oppenheim, Towards a History of Glass in the Ancient Near East. JAOS 93 (1973) 259—266. — D. Barag, Ancient Glass. Qadmoniot 6 (1973) 38—47.

## G. Bibliographien

P. Thomsen, Die Palästina-Literatur. Eine internationale Bibliographie in systematischer Ordnung. Bde. 1—7 für die Jahre 1895—1945 (1911—1972);

Bd. A für die Jahre 1878—1894 (1957—1960). — Elenchus bibliographicus biblicus, pars: Archaeologia biblica. ed. Pontificium Institutum Biblicum; früher mit der Zeitschrift Biblica, seit Bd. 49 (1968) separat. — P. Lelièvre u. a., Répertoire d'art et d'archéologie 1961 (1965). — J. R. McCray, Index of Articles and Archaeological Reports in the Bulletin of the American Schools of Oriental Research, Nos. 1—184 (1971). — E. K. Vogel, Bibliography of Holy Land Sites Compiled in Honor of Dr. N. Glueck. HUCA 42 (1971) 1—96. — M. Cassuto-Salzmann, Selected Bibliography. Publications on Archaeological Excavations and Surveys in Israel, July 1967—December 1971. ᶜAtiqot, Engl. Ser., Suppl. to 9—10 (1973).

## H. Zeitschriften

| | |
|---|---|
| AAS | Les Annales archéologiques de Syrie. Revue d'archéologie et d'histoire syriennes. Damaskus, seit 1951 (arab. und franz.). |
| AASOR | Annual of the American Schools of Oriental Research. New Haven, Conn., seit 1920. |
| ADAJ | Annual of the Department of Antiquities of Jordan. Amman, seit 1951. |
| AJBA | The Australian Journal of Biblical Archaeology. Sydney, seit 1968. |
| Arch | Archaeology. Cambridge, Mass., seit 1948. |
| ᶜAtiqot | (= Journal of the Israel Department of Antiquities) Jerusalem, Engl. Series seit 1955, Hebrew Series seit 1956. |
| BA | The Biblical Archaeologist. New Haven, Conn., seit 1939. |
| BASOR | Bulletin of the American Schools of Oriental Research. New Haven, Conn., seit 1919. |
| BBLAK | Beiträge zur Biblischen Landes- und Altertumskunde (= ZDPV 68). Stuttgart, 1949—1951. |
| Berytus | Berytus, Archaeological Studies. Beirut, seit 1934. |
| BJPES/BIES | Bulletin of the Jewish Palestine Exploration Society. Jerusalem, seit 1933 (überwiegend hebr.); dasselbe seit 1951 als BIES = Bulletin of the Israel Exploration Society. Jerusalem. |
| BMB | Bulletin du Musée de Beyrouth. Paris, seit 1937. |
| BTS | La Bible et Terre Sainte. Paris. |
| Eretz-Israel | Eretz-Israel. Archaeological, Historical and Geographical Studies. Jerusalem, seit 1952 (hebr.). |
| Franc LA | Studii Biblici Franciscani Liber Annualis. Jerusalem, seit 1950. |
| HL | Das Heilige Land in Vergangenheit und Gegenwart. Köln, seit 1939. |

| | |
|---|---|
| IEJ | Israel Exploration Journal. Jerusalem, seit 1950/1. |
| JPOS | Journal of the Palestine Oriental Society. Jerusalem, 1920/1—1946. |
| Levant | Levant. Journal of the British School of Archaeology in Jerusalem. London, seit 1969. |
| MUSJ | Mélanges de l'Université Saint-Joseph, Beyrouth. Beirut, seit 1906. |
| Qadmoniot | Jerusalem, seit 1968 (überwiegend hebr.). |
| QDAP | The Quarterly of the Department of Antiquities in Palestine. Jerusalem—London, seit 1932. |
| PEF Qu.St./PEQ/PEF Ann. | Palestine Exploration Fund Quarterly Statements. London, seit 1869; seit 1937 PEQ = Palestine Exploration Quarterly; PEF Ann. = Palestine Exploration Fund Annual. Manchester, seit 1911. |
| PJB | Palästinajahrbuch des Deutschen Evangelischen Instituts für Altertumswissenschaft des Hl. Landes zu Jerusalem. Leipzig, 1905—1941. |
| PPS/PS | Pravoslavnyj Palestinskij Sbornik. Moskau—Leningrad, seit 1883; jetzt PS = Palestinskij Sbornik. |
| RB | Revue Biblique. Paris, seit 1892. |
| Syria | Syria. Revue d'art oriental et d'archéologie. Paris, seit 1920. |
| ZDPV | Zeitschrift des Deutschen Palästina-Vereins. Leipzig, seit 1878; Wiesbaden, seit 1953. |

## NAMEN UND BEGRENZUNG DES LANDES

Der Gebrauch des Namens Palästina ist keineswegs eindeutig. Man bezeichnet damit im allgemeinen den Schauplatz der biblischen Geschichte, also vorzugsweise das Westjordanland, aber auch die ostjordanischen Landesteile. Der älteste bekannte, im AT vielfach belegte Name des Westjordanlandes ist „Kanaan“ (אֶרֶץ כְּנַעַן, כְּנַעַן; 1. Sam. 13, 19 auch אֶרֶץ יִשְׂרָאֵל). Die christlichen Pilger nannten das Land *terra sancta* oder *terra promissionis* (Hl. Land oder Gelobtes Land, d. h. Land der Verheißung). Alle diese Bezeichnungen sind in Gebrauch geblieben. Der Name Palästina (Παλαιστίνη) ist die griechische Form des aramäischen פְּלִשְׁתָּאִין (hebr. פְּלִשְׁתִּים) und meint ursprünglich das Siedlungsgebiet der Philister in der Küstenebene; in dieser Bedeutung begegnet er noch bei Herodot (I, 105; III, 5. 91; VII, 89) und anderen griechischen Schriftstellern. Die Römer haben dann die von ihnen errichtete Provinz *Iudaea* (Ἰουδαία) nach dem 2. jüdischen Aufstand (132—135 n. Chr) in *Palaestina* umbenannt und damit nicht nur die Küstenebene, sondern auch die westjordanischen Gebirgsgegenden bezeichnet. Im Zuge der territorialen Umschichtungen und der verwaltungstechnischen Durchgliederung der Ostgebiete des römischen Imperiums griff der Name schließlich auch auf Gebiete östlich des Jordan über und deckte dort Teile der älteren römischen Provinz *Arabia*. Im 4. Jh. wurde die Provinz *Palaestina* in drei Teile untergliedert: *Palaestina prima, secunda* und *tertia* — für die Militärverwaltung jedoch weiterhin eine Einheit unter dem Oberbefehl eines *dux Palaestinae*. Diese Einheit ist im Sprachgebrauch der altchristlichen Schriftsteller (Eusebius, Hieronymus u. a.) vorausgesetzt. Somit stammt der Name Palästina aus der Verwaltungssprache des römischen und römisch-byzantinischen Reiches. Der Zusammenbruch der römisch-byzantinischen Verwaltung im 7. Jh. unter dem Ansturm der Perser und des Islam hat den Namen nicht verschwinden lassen. Da ihm jedoch keine Verwaltungseinheit mehr entsprach, wurde sein Gebrauch unbestimmt und zur Definition klar begrenzter Teile eines politischen Territoriums ungeeignet.

M. Noth, Die Geschichte des Namens Palästina (1939). ABLAK 1, 294—308.

Der Schauplatz der biblischen Geschichte im weiteren Sinn ist der ganze Vordere Orient mit Einschluß Ägyptens. Diese große geographische Einheit läßt sich gliedern und beschreiben. Es handelt sich um die Kulturlandzonen im Westen, Norden und Osten der syrisch-arabischen Wüste, d. h. um den sog. „fruchtbaren Halbmond" *(fertile crescent)*. Die Entfernungen: von Alexandria bis Antiochia an der Mündung des Orontes ca. 1000 km, von Antiochia bis zum Persischen Golf ca. 1500 km. Die einzelnen Teile dieses gewaltigen Gebietes sind geographisch und klimatisch von sehr verschiedener Art.

*1. Ägypten:* Die Fruchtbarkeit des ägyptischen Kulturlandes, des oberägyptischen Niltales und des unterägyptischen Nildeltas, beruht ausschließlich auf dem Wasser des Nils; Niederschläge kommen so gut wie nicht in Betracht. Ägypten ist ein „Geschenk des Nils" (Herodot II, 5). Der Nil hat sein Bett im Laufe der Erdzeitalter in das Wüstengebiet westlich des Roten Meeres gegraben, und zwar unter Ausnutzung des großen tertiären Grabenbruches, der von Nordsyrien bis nach Mittelafrika reicht. Das Delta ist ein potamisches Schwemmland, dem Mittelmeer durch Schlammablagerungen des Nils abgewonnen. Beide Landesteile Ägyptens leben von den periodisch wiederkehrenden, jährlichen Überschwemmungen des Nils, die den Boden bewässern und damit fruchtbar machen.

*2. Palästina und Syrien:* Der ca. 600 km lange, an den breitesten Stellen kaum mehr als 150 km breite Kulturlandstreifen Palästinas und Syriens empfängt seine Fruchtbarkeit nicht in erster Linie vom Wasser der zahlreich vorhandenen Flüsse und Bäche, sondern von den Niederschlägen, die vom Mittelmeer kommen und von den Gebirgen zum Niedergehen gezwungen werden. Je weiter man nach Osten kommt, desto geringer werden die Niederschlagsmengen; das Kulturland geht langsam in Steppe und schließlich in Wüste über.

*3. Mesopotamien:* lebt von den beiden Strömen Euphrat und Tigris, die in den iranischen Bergen entspringen und jährlich im Zuge der Schneeschmelze erhebliche Wassermengen in die Ebene führen, die — abgeleitet und nutzbar gemacht — das Land zwischen den Strömen bewässern. Südmesopotamien ist wiederum ein potamisches Schwemmland, mit periodischen Niederschlägen vom Persischen Golf.

Somit bilden Palästina und Syrien geographisch und klimatisch die Landbrücke zwischen den von Strömen bestimmten Kulturländern am Nil und in Mesopotamien. Da diese Flußlandschaften die ältesten Hochkulturen der Menschheit hervorgebracht haben und politisch wie kulturell im Alten Orient bestimmend gewesen sind, versteht es sich von selbst, daß die Landbrücke zum Schmelztiegel ägyptischer und mesopotamischer Einflüsse wurde. Sie hat kaum einmal politische Gestaltungen größeren Stiles hervorgebracht. Ihre historische Mission bestand in der Verschmelzung und schließlich darin, das unverlierbare Erbe des Orients dem Abendlande mitzuteilen.

Der Schauplatz der biblischen Geschichte im engeren Sinn ist Palästina, der südliche Teil der syrisch-palästinischen Landbrücke. Dieses Gebiet ist schwer zu begrenzen und zu beschreiben. Eindeutig ist die Grenze nur im Westen: die Küste des Mittelmeeres. Im Süden geht das Kulturland allmählich in Wüste über: in die Isthmuswüste am Mittelmeer und in die Wüstengebiete der Sinaihalbinsel. Die letzten Kulturlandzonen werden durch die Namen Gaza *(Ġazze)*, Beerseba *(Bīr es-Seba$^c$)* und Qadesch *($^c$Ēn Qdēs)* bezeichnet. Eine klare Grenzziehung bleibt in diesen Gebieten theoretisch. Im AT ist mehrfach der „Bach von Ägypten" (נַחַל מִצְרַיִם, *Wādi el-$^c$Arīš*) als Südgrenze des Landes Kanaan angegeben; vgl. Num. 34, 5; Jos. 15, 4; 1. Reg. 8, 65; Jes. 27, 12 u. ö. Auch im Osten gibt es keine eindeutige Grenze: Das Kulturland geht auf seiner ganzen Länge mit dem Absinken der Niederschlagsmengen in Steppe und dann in Wüste über, ungefähr auf der Linie der *Ḥegāz*-Bahn, die Damaskus mit Medina verbindet. Im Norden kann noch weniger als anderswo von einer geographischen Begrenzung des Schauplatzes der biblischen Geschichte die Rede sein. Palästina und Syrien sind geographisch untrennbar und bilden eine große Einheit. Nicht aus geographischen, sondern hauptsächlich aus historischen Gründen hat man sich gewöhnt, als Nordgrenze Palästinas gegenüber Syrien eine theoretische Linie anzusetzen, die östlich des Jordangrabens auf der Höhe des Yarmuk *(Šerī$^c$at el-Menāḍire)* und westlich auf der Höhe des Leontes *(Nahr Līṭānī)* verläuft.

# I. PHYSIKALISCHE GEOGRAPHIE

## § 1: Der geologische Aufbau Palästinas

Dem Wanderer, der von Jerusalem aus auf den Ölberg steigt und über den Jordangraben nach Osten blickt, bietet sich ein unvergleichliches Bild: Er hat die Heilige Stadt mit der goldenen Kuppel des Felsendomes, den Türmen und Minaretten im Rücken, befindet sich ungefähr 800 m über dem Spiegel des Mittelmeeres und sieht vor sich den stufenweisen Abfall des westjordanischen Gebirges, über die Wüste Juda hinein in die gewaltige Depression des Jordangrabens, dessen Boden am Nordufer des Toten Meeres fast 400 m unter dem Mittelmeerspiegel liegt. Ein Höhenunterschied von nahezu 1200 m! Die Wasserfläche des Toten Meeres glänzt hell in der Sonne, und drüben — in einer Entfernung von etwa 50 km — erhebt sich das ostjordanische Gebirge zu einer Höhe von wiederum 800—1000 m. So weit das Auge von Norden nach Süden schauen kann, stellt sich das Ostjordanland gleichsam wie eine Linie dar: keine gerade Linie freilich, sondern so, als ob ein alter Engel mit zitternder Hand hätte eine gerade Linie ziehen wollen (Albrecht Alt). Ganz ähnlich ist das Bild, wenn man wie Mose nach Dt. 34 auf den ostjordanischen Berg Nebo steigt und ins Gelobte Land hinüberschaut: Jetzt ist es das westjordanische Gebirge, das als eine leicht schwankende, zittrige Linie erscheint. Auf diese Weise macht man sich am ehesten klar, daß Palästina beiderseits des Jordans ein Tafelland ist. Von Hause aus bildeten beide Teile der Tafel eine große Einheit; der Jordangraben ist eine sekundäre Störung des ursprünglichen Zusammenhanges. Diese große Tafeleinheit setzt sich nach Norden bis an den Rand der iranischen Berge, nach Osten bis Babylonien und nach Süden bis auf den afrikanischen Kontinent fort: Palästina ist der äußerste Westrand der arabischen Scholle.

Die geologischen Formationen, die das palästinische Tafelland bilden, liegen zueinander horizontal. Man kann sich den Sachverhalt auf dem Wege des Vergleiches deutlich machen. Palästina zu beiden Seiten des Jordans ist nicht gefaltet wie z. B. die Alpen:

ist auch kein kristallines Gebirge mit ungleicher Gipfelhöhe wie z. B. der Schwarzwald und der Bayrische Wald:

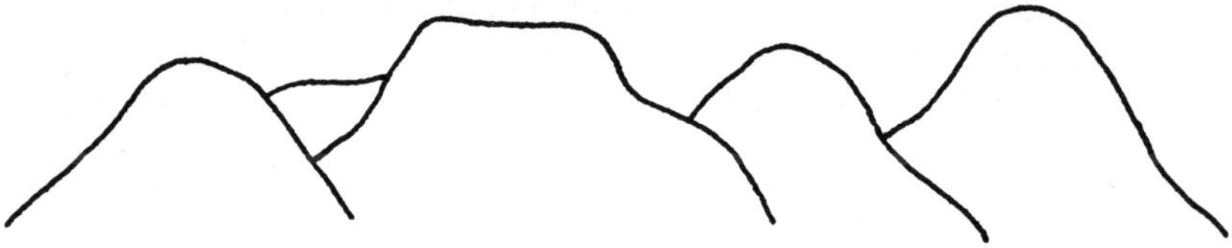

sondern ein Sedimentgebirge aus horizontalen Schichten wie z. B. der Spessart und der Schwäbische Jura:

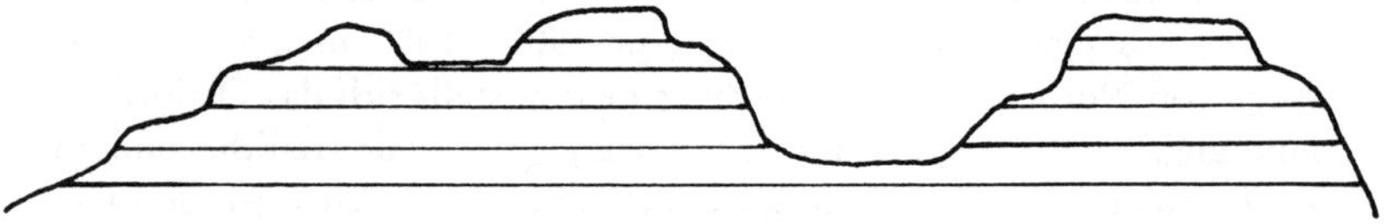

Palästina hat in frühen Erdzeitaltern unter dem Meeresspiegel gelegen: Die horizontalen Schichten sind nichts anderes als Meeresablagerungen (Sedimente). Unter Verzicht auf Einzelheiten stellt sich die Schichtenfolge so dar:

| | |
|---|---|
| Senon | Obere Kreide (Kalksteine) ca. 1000 m |
| Turon | |
| Cenoman | |
| nubischer Sandstein | Untere Kreide (Jabboktal, Ostrand des Toten Meeres) |
| Jura | beiderseits des Jordangrabens |

Urgestein tritt in Palästina nur im äußersten Süden zutage, hauptsächlich im Südosten des Toten Meeres und auf der Ostseite des *Wādi* *el-*$^{c}$*Arabā* nördlich des Golfes von $^{c}$*Aqabā*. Gegen Ende der Kreidezeit muß sich das Land aus dem Wasser gehoben haben, um sich dann im folgenden Tertiär wieder zu senken: Oberhalb des Senon folgen die tertiären Formationen des Eozän, Miozän, Oligozän und Pliozän. Diese Sedimente spielen jedoch im geologischen Aufbau Palästinas nur eine geringe Rolle; sie sind durch die Erosionsarbeit des Wassers und des Windes zum größten Teil wieder abgetragen worden. Das geologische Bild des Landes bestimmen die Kalksteine, vor allem Cenoman und Senon, die zumeist ohne Auflagen nackt zutage treten und stark erodiert sind: Das Gebirge ist verkarstet. Die Verkarstung hat die Wasserarbeit begünstigt. Das Wasser teilt den Cenoman in tiefe senkrechte Wände und bildet cañonartige Täler und Schluchten, der Senon dagegen wird ausgewaschen und formiert sich in sanften flachen Mulden. Nicht selten ist das weiche Senongestein von dunklen Feuersteinbänken durchzogen, die sich durch Verbindung von Senon und Kieselsäure gebildet haben. Die Menschen prähistorischer Zeit hatten keinen Mangel an Material für ihre noch heute fast überall aufzufindenden Feuersteingeräte.

Gegen Ende des Tertiär begannen die Störungen, die das Gesicht des palästinischen Tafellandes entscheidend veränderten. Es handelt sich hauptsächlich um tektonische Störungen, d. h. mechanische Veränderungen des horizontalen Aufbaus. Dabei sind, auf das Wesentliche reduziert, zwei Arten zu unterscheiden:

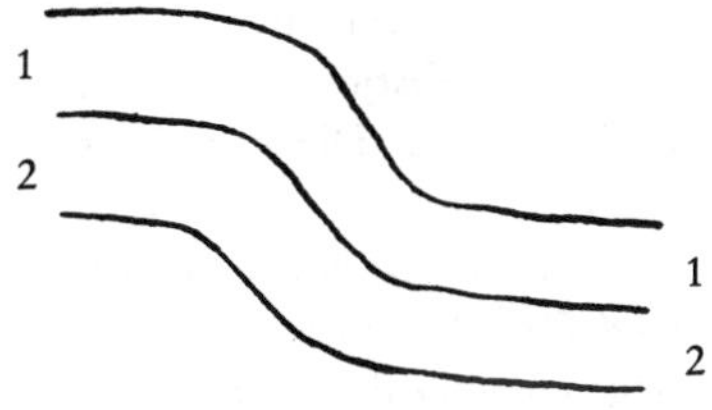


a) Flexuren, Faltungen und Verbiegungen der horizontalen Sedimente, die ihre ursprüngliche Lage zueinander behalten.

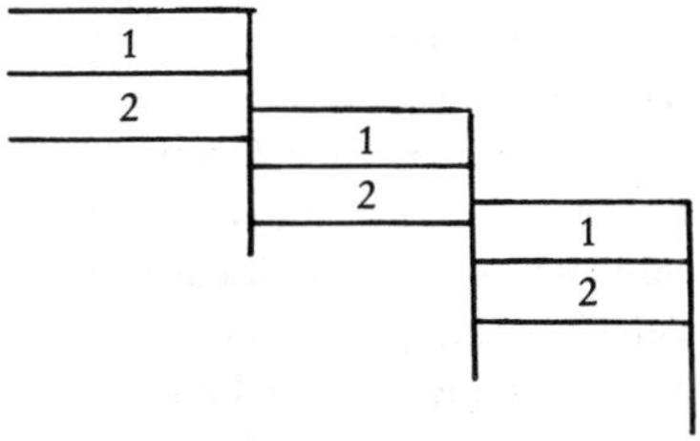


b) Verwerfungen, Verschiebungen der horizontalen Sedimente, die ihre ursprüngliche Lage zueinander verändern.

Die mit Abstand größte Verwerfung der Tertiärzeit ist der sog. syrische Grabenbruch, der von Nord- und Mittelsyrien (Orontestal und *Beqā*$^{c}$ zwischen Libanon und Antilibanos) über Palästina und Ägypten bis in das Gebiet der zentralafrikanischen Seen reicht. Der palästinische Anteil am syrischen Graben ist der Jordangraben mit dem

See Genezareth und dem Toten Meer, die tiefste Depression der Erdoberfläche (Spiegel des Toten Meeres geringfügig schwankend, zumeist bei —392 m u. N. N.). Die Verwerfung des Tafellandes zum Jordangraben und zum Toten Meer erfolgte im Osten gerade, fast überall in drei Verwerfungsstufen, im Westen dagegen allmählich und in vielen Verwerfungsstufen: Die Sprunghöhe der Verwerfung ist hier und dort verschieden. Auf dem Boden des Jordangrabens hat sich im Quartär jüngstes diluviales und alluviales Gestein abgelagert. Die zweite große Verwerfung in Nord-Süd-Richtung war die des westjordanischen Tafellandes zum Mittelmeer; auch sie erfolgt allmählich und mit geringer Sprunghöhe. Daneben gibt es noch einige kleinere Verwerfungen von Nordwest nach Südost (Karmelgebirge) und von Nordost nach Südwest. Auch die Küstenebene zeigt, wie zu erwarten, diluviale und alluviale Sedimente. Nach alledem stellt sich das Profil Palästinas seit dem Tertiär schematisch wie folgt dar:

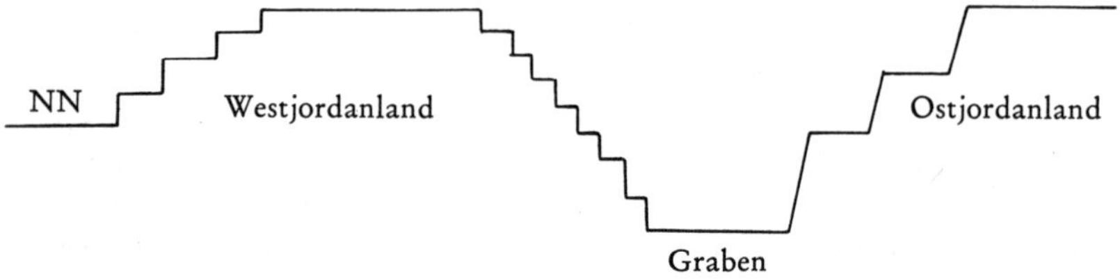


Die dritte nennenswerte Störung des ursprünglich einfachen Landesaufbaus erfolgte durch vulkanische Eruptionen, die seit dem mittleren Pliozän bis in historische Zeit hauptsächlich im Ostjordanland (d. h. östlich des syrischen Grabens) stattgefunden haben. Die gewaltigsten Basaltstöcke entstanden ziemlich weit im Norden und Nordosten. Es sind die noch heute durch ihre Schwärze und Düsternis beeindruckenden Gebirgsgegenden des Hauran *(Ǧebel ed-Drūz), el-Leǧǧā* und *Ǧōlān.* Von dort aus sind starke Lavaströme nicht nur über das biblische Land Basan *(en-Nuqrā)* geflossen, sondern bis nach Galiläa hinüber, worauf nicht zuletzt die Fruchtbarkeit dieser Gebiete beruht. Erhebliche Eruptionen ereigneten sich auch auf der Ostseite des Toten Meeres (nach dem syrischen Grabenbruch) und weiter südlich im Gebiet von Edom, zu beiden Seiten der *ᶜArabā* und nördlich des Golfes von *ᶜAqabā.* Dabei überlagerte der Basalt die vorgängigen Gesteinsformationen, vor allem den Kalkstein, gelegentlich auch den sog. nubischen Buntsandstein. Von Vulkantätigkeit schlechthin einzigartig geprägt ist die äußerste Südregion des Ostjordanlandes, eine der geologisch interessantesten Gegenden der syrisch-palästinischen Landbrücke überhaupt. Südlich der Eisenbahnstation *Naqb eš-Štār* fällt das Gelände abrupt von ungefähr 1600 m auf 1000—1100 m ab: Es öffnet sich der Blick auf die gewaltige Landschaft des *Sahl es-Sāqīye* und des *Wādi er-Ramm* mit bizarr aufragenden Kegeln und Klötzen aus rotem Sandstein und grauweißem Kalkstein. Auf der Höhe von *el-Quwēra* und nach dem Eintritt ins *Wādi el-Yutm* beginnt die Region des rosenfarbenen *ᶜAqabā*-Granits mit phantastischen Zeugen vulkanischer Tätigkeit aus dem Präkambrium: sog. Intrusionen basischen und sauren Eruptivgesteins im Granit, schwarzen und grünlichen Bändern, die das Urgestein nach allen Seiten durchziehen und sich wie Spinnennetze vielfach verschlingen. Erwähnenswert ist schließlich der Umstand, daß im Mittelteil des Ostjordanlandes (z. B. am Nordostufer des Toten Meeres), aber auch am See Genezareth, bis zum heutigen Tage heiße Quellen mit mineralhaltigem Wasser bis zu 60° Celsius zutage treten; sie wurden bereits im Altertum und werden teilweise bis zur Gegenwart als Heilbäder genutzt.

H. Dechent, Heilbäder und Badeleben in Palästina. ZDPV 7 (1884) 173—210.

Palästina ist arm an Bodenschätzen. Wenn es Dt. 8, 9 heißt, „ein Land, dessen Steine eisenhaltig sind und aus dessen Bergen du Kupfer graben kannst“, dann läßt die Formel mehr darüber erkennen, wie man sich das Land wünschte, als wie es wirklich aussah. Abbaufähige Eisenvorkommen gibt es nur an der Nordseite des Unterlaufes des Jabbok *(Nahr ez-Zerqā)*; dort hat man, allerdings in bescheidenem Umfang, früher Erz gewonnen, worauf noch der Name *Muġāret el-Warde*, „die rosige Höhle“, hinweist. Salomo hat in dieser Gegend Eisen verhütten lassen (1. Kön. 7, 46), und es scheint, als seien bei den Grabungen auf *Tell Dēr ᶜAllā* (dem biblischen Sukkoth) dazu bestimmte Anlagen zutage getreten. Sonst gibt es nennenswerte Kupfer- und Eisenvorkommen nur im Libanon (2. Sam. 8, 8), etwa bei *Zahle* und *Ġubb Ġenīn* in den *Beqāᶜ*, ferner im äußersten Süden zu beiden Seiten der *ᶜArabā* (Num. 33, 42 f.) und auf der Sinaihalbinsel.

*Literatur:* M. Blankenhorn, Kurzer Abriß der Geologie Palästinas. ZDPV 35 (1912) 113—139. — R. Koeppel, Palästina. Die Landschaft in Karten und Bildern (1930) bes. 1—37. — M. Blankenhorn, Geologie Palästinas nach heutiger Auffassung. ZDPV 54 (1931) 3—50. — L. Picard, Synopsis of Stratigraphic Terms in Palestinian Geology. JPOS 18 (1938) 254—277. — Ders., Structure and Evolution of Palestine (1943). — D. J. Burdon, Handbook of the Geology of Jordan (1959). — Y. Nir, Preliminary Report on the Bottom Sediments of Lake Tiberias. The Geological Survey of Israel (1963). — F. Bender, Stratigraphie des Nubischen Sandsteins in Süd-Jordanien. Geolog.

Jahrb. 81 (1963) 237—276. — A. Arad, Geological Outline of the Ramot Menashe Region. IsrJEarthSci 14, 1 (1965) 18—32. — M. Gal, Genesis, Properties and Distribution of Soils of Carbonite Rock Origin in the Upper Galilee (hebr.) (1965). — Y. A. Glikson, Geology of the Southern Naftali Mountains. IsrJEarthSci 15 (1966) 135—154. — L. Picard—U. Baida, Geological Report on the Lower Pleistocene Deposits of the ᶜUbeidiya Excavations (1966). — E. Kaskai, The Geology of the Eastern and Southwestern Carmel (hebr.) (Diss. Jerusalem 1966). — A. Arad, The Geology and Hydrogeology of the Lower Cretaceous in the Northern Negeb and the Judean Mountains (hebr.) (1966). — D. Nir, Geomorphological Map of Judean Desert (1966). — R. Wolfart, Geologie von Syrien und dem Libanon. Beiträge z. regionalen Geologie der Erde 6 (1967). — H. M. E. Schürmann, The Pre-Cambrian along the Gulf of Suez and the Northern Part of the Read Sea (1967). — Y. Arkin—M. Hamaoui, The Judean Group in Central and Southern Israel. Geol. Survey, Bull. 42 (1967). — I. Zac, Die Geologie des Sodom-Gebirges (hebr.) (Diss. Jerusalem 1967). — F. Bender, Geologie von Jordanien. Beiträge z. regionalen Geologie der Erde 7 (1968). — F. Bender, Über das Alter und die Entstehungsgeschichte des Jordangrabens am Beispiel seines Südabschnittes. Geolog. Jahrb. 86 (1968) 177—197. — Y. Weiler, Geology of Nazareth Hills and Mount Tabor. IsrJEarthSci 17, 2 (1968) 63—82. — A. Issar, Geology of the Central Coastal Plain of Israel. IsrJEarthSci 17, 1 (1968), 16—29. — R. Freund—M. Raab, Lower Turonian Ammonites from Israel. Special Papers in Palaeontology 4 (1969). — T. Dicker, Geology of Central Yizreᶜel Valley. IsrJEarthSci 18 (1969) 39—69. — D. Neev—K. O. Emery, The Dead Sea. Geol. Survey, Bull. 41 (1969). — U. Kafri, Geology and Groundwater of the Cenomanian Formations in Galilee (hebr.) (Diss. Jerusalem 1969).

*Mineralien, Bodenschätze, Bergbau:* W. Maser, Bergbau und Hüttenwesen im Hl. Land. Der Förderturm 37 (1962) 9 ff. — H. D. Kind, Antike Kupfergewinnung zwischen Rotem und Totem Meer. ZDPV 81 (1965) 56—78. — F. Bender, Zur Geologie der Kupfererzvorkommen am Ostrand des Wadi Araba, Jordanien. Geol. Jahrb. 83 (1965) 181—208. — A. Lupu—B. Rothenberg, The Extractive Metallurgy of the Early Iron Age Copper Industry in the ᶜArabah, Israel. Archaeol. Austria 47 (1970) 91—130. — R. V. Wright—R. L. Chaldbourne, Gems and Minerals of the Bible (1970).

*Bibliographie:* M. A. Avnimelech, Bibliography of Levant Geology: Including Cyprus, Hatay, Israel, Jordania, Lebanon, Sinai and Syria 1/2 (1965/1969).

## § 2: Die Oberflächengestalt Palästinas

### *1. Das Ostjordanland*

Im Osten des Jordangrabens hat das palästinische Tafelland seine ursprüngliche Gestalt relativ am besten bewahrt. Es haben kaum

Flexuren und so gut wie keine Verwerfungen stattgefunden, so daß die jüngsten Kalksteinschichten in der Regel obenauf liegen. Die Größenverhältnisse: Vom Südende des Toten Meeres bis zum Yarmuk sind es ca. 200 km, vom Golf von *ᶜAqabā* bis zum Hermonmassiv *(Ǧebel eš-Šēḫ* oder *Ǧebel et-Telǧ)* ca. 400 km. Die Breite des ackerbaufähigen Kulturlandes beträgt selten mehr als 50 km; seine östliche Grenze verläuft ungefähr entlang der *Ḥeǧāz*-Eisenbahn. Doch sind Kulturland und Wüste gegeneinander offen, so daß von einer klaren Grenze nirgendwo die Rede sein kann.

Das Landschaftsbild eines Tafellandes ist einförmig und wenig reizvoll. Im Ostjordanland ist die Oberflächengestalt jedoch entscheidend durch die Erosionstätigkeit des Wassers und durch vulkanische Eruptionen verändert worden. Die von den Niederschlagsmengen abhängigen Gewässer haben sich nicht selten tief in die Tafel und ihre Verwerfungsstufen zum Jordangraben eingesägt und weitverzweigte, komplizierte Talsysteme gebildet, die nahezu durchgängig nach Westen, d. h. in den Jordan und die beiden Reliktenseen des Grabens, entwässern. Eine Wasserscheide wie im Westjordanland gibt es faktisch nicht. Abgesehen von zahllosen kleineren Flüssen und Bächen in Tälern von geringer Tiefe und Bedeutung kann man vier große Talsysteme unterscheiden, nach denen sich das Ostjordanland in vier natürliche Landschaften gliedern läßt (Skizze s. umseitig).

Im Norden, zwischen dem Yarmuk und dem Fuß des Hermonmassivs, schiebt sich das Kulturland am weitesten nach Osten vor; es wird östlich begrenzt vom vulkanischen Haurangebirge (*Ǧebel ed-Drūz* und *el-Leǧǧā*) und ist wegen seines verwitterten Basaltbodens überaus fruchtbar. Der Name dieser 500—600 m hohen Fläche war im AT „Basan" (בָּשָׁן; vgl. Dt. 3, 10. 13; 32, 14; Jes. 2, 13 u. ö.). Heute heißt das Gebiet *en-Nuqrā* und gehört zu Syrien. Es wird unvermindert intensiv land- und viehwirtschaftlich genutzt, obwohl die Kühe längst nicht mehr so üppig sind wie die, mit denen der Prophet Amos im 8. Jh. v. Chr. die Damen der vornehmen Gesellschaft von Samaria verglich (Am. 4, 1). Im 9.—8. Jh. v. Chr. war dieser Landstrich mehrfach Gegenstand militärischer Auseinandersetzungen zwischen dem Nordreich Israel und den Aramäern von Damaskus (vgl. 1. Kön. 20; 22; 2. Kön. 5; 6; 8, 28—9; 10, 32 f.; 13; 14, 25; Am. 6, 13). Das Territorium zwischen dem Yarmuk und dem Nordende des Toten Meeres, vom Talsystem des Jabbok unterbrochen, wird im AT gewöhnlich „Gilead" (גִּלְעָד) genannt. Dieser Name bezeichnete ursprünglich eine kleine, wellige Hochebene südlich des Jabbokunterlaufes, die heutige *Arḍ el-*

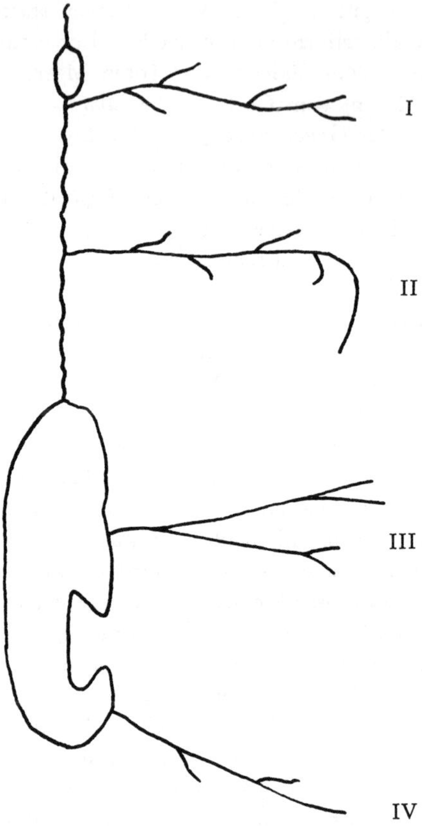


I: Yarmuk, im AT nicht genannt, wohl aber in der spätjüdischen Literatur und z. B. bei Plinius, nat. hist. V 74 = *Šerīᶜat el-Menāḍire.*
II: Jabbok (יַבֹּק) = *Nahr ez-Zerqā.*
III: Arnon (אַרְנוֹן) = *Wādi Sēl el-Mōǧib,* vor allem in seinem Mittel- und Unterlaufe tief in Kalkstein, Basalt und Buntsandstein eingeschnitten.
IV: Zered (זֶרֶד) =*Wādi el-Ḥesā.*

*ᶜArḍe,* von der allem Anschein nach ein Teil der israelitischen Kolonisation des Ostjordanlandes ausgegangen ist. Es gibt in der *Arḍ el-ᶜArḍe* noch immer eine kleine dörfliche Siedlung mit einem Ruinenhügel aus dem Altertum namens *Ḫirbet Ǧelᶜad.* Im Laufe der Geschichte hat der Name „Gilead" beträchtlich nach Norden und Süden ausgegriffen und verschiedene Landschaften unter sich vereinigt, bis hin zur Gesamtbezeichnung für das von Israeliten besiedelte Gebiet im Nordosten des

Toten Meeres. Die arabischen Landschaftsnamen differieren: Das Gebiet zwischen Yarmuk und Jabbok heißt *ᶜAǧlūn,* ein bewaldetes Gebirgsland mit Höhen bis zu 1261 m (*Umm ed-Dereǧ* bei der Ortschaft *ᶜAǧlūn*), und die Gegend zwischen Jabbok und Arnon *el-Belqā,* eine Hochebene von ca. 700 m Höhe, die stellenweise bis zu 900—1000 m aufsteigt und an ihrem Westrand durch zahllose kleine und große Talsysteme stark zerklüftet ist. Im AT wird die Hochebene zwischen dem Nordende des Toten Meeres und dem Arnon „Misor" (מִישׁוֹר) genannt; vgl. Dt. 3, 10; 4, 43; Jos. 13, 9 u. ö. Der „Misor" war seit der Landnahmezeit Streitobjekt zwischen Israel und den Moabitern, nicht zuletzt wegen seiner notorischen Fruchtbarkeit, die das Land noch zu Zeiten der Römer zu einer Art orientalischer Kornkammer des Imperiums machte. Nach Süden folgt dann das alte Stammland der Moabiter zwischen Arnon und Zered, heute nach seinem Hauptorte *el-Kerak* genannt. Zwischen dem Zered und der Nordspitze des Golfes von *ᶜAqabā* liegt Edom, eine gewaltige Gebirgslandschaft mit Höhen bis zu 1600 m, im AT oft „Seir" genannt (שֵׂעִיר; vgl. Gen. 14, 6; Dt. 2, 4 ff.; Ri. 5, 4 u. ö.). Hier findet man die schon erwähnten bizarren Formationen aus rosenfarbenem Granit mit schwarzen und grünen Basaltbändern, ein Dorado für den Geologen. Südlich des Endpunktes einer Nebenlinie der *Ḥeǧāz*-Bahn bei *Rās en-Naqb* fällt das Gelände plötzlich auf eine Durchschnittshöhe von 1100—1000 m ab: Man sieht eine weite Fläche, aus der sich Tafelberge und Zuckerhüte erheben. Die westliche Begrenzung dieses Territoriums bildet das *Wādi el-ᶜArabā,* die Fortsetzung des syrischen Grabens südlich des Toten Meeres.

*Literatur:* H. Rhotert, Transjordanien. Vorgeschichtliche Forschungen (1938). — N. Glueck, The Other Side of the Jordan (1940, Nachdruck 1970). — Ders., Transjordan. BA 9 (1946) 45 ff. — M. Noth, Das Land Gilead als Siedlungsgebiet israelitischer Sippen (1941). ABLAK 1, 347—390. — Ders., Gilead und Gad (1959). ABLAK 1, 489—543. — M. Ottosson, Gilead. Tradition and History (1969). — M. Weippert, Edom. Studien und Materialien z. Geschichte der Edomiter auf Grund schriftlicher und archäologischer Quellen (Diss. Tübingen 1971).

### *2. Der Jordangraben und das Tote Meer*

Der Jordangraben bildet den palästinischen Anteil am großen, im Tertiär entstandenen syrischen Graben, der von Nordsyrien bis in das Gebiet der zentralafrikanischen Seen reicht. Man muß sich stets gegenwärtig halten, daß der Jordan selbst (*Šerīᶜat el-kebīre* oder *el-Urdunn*) am Zustandekommen des Grabens gänzlich unschuldig ist; der Fluß ist gegenüber dem Grabenbruch sekundär.

Der Jordan entsteht aus mehreren Quellflüssen, die am West- und Südrande des Hermonmassivs entspringen. Die wichtigsten und stärksten Quellen sind die heute auf libanesischem Gebiet gelegene *ᶜAyn Ḥaṣbānī*, ferner die Quellen bei *Banyās* und *Tell el-Qāḍī* (Tel Dan). Je nach dem Charakter des Grabens, den der Jordan durchfließt, lassen sich mehrere Landschaften unterscheiden:

I. Der Jordan fließt zunächst durch ein ehemals sumpfiges, heute kultiviertes Schwemmland zwischen dem *Ǧōlān* und dem obergaliläischen Gebirge. Dieses Sumpfgebiet entsteht durch eine ost-westliche Basaltbarre, die der Fluß kurz vor seinem Eintritt in den See von

Tiberias durchbrechen muß. Möglicherweise hat eine ähnliche, wenn auch kleinere Basaltbarre im Süden zur Bildung des Toten Meeres geführt. Innerhalb dieses Schwemmlandes bildete der Fluß bis in die fünfziger Jahre unseres Jahrhunderts den sog. Oberen Jordansee (*Baḥret el-Ḥūle* oder *Baḥret el-Ḫrēt*), der ungefähr 6 km lang war und dessen Fläche ca. 2 m über dem Spiegel des Mittelmeeres lag. Inzwischen ist der *Ḥūle*-See trockengelegt und das Becken in die Bewässerungsarbeiten des Staates Israel einbezogen worden. Planmäßige landwirtschaftliche Kultivierungspolitik hat das ehedem wüste Gebiet in einen fruchtbaren grünen Garten verwandelt.

A. Nach Durchbrechen der Basaltbarre fällt der Jordan mit dem Graben steil ab und ergießt sich in den See von Tiberias *(Baḥret Ṭabarīye)*, auch See Genezareth oder Galiläisches Meer genannt. Der Spiegel des Sees liegt etwa 200 m unter dem des Mittelmeeres, seine Länge beträgt ca. 21 km, seine Breite maximal 12 km. Der See füllt den Graben zwischen der östlichen und der westlichen Verwerfung fast ganz aus; es gibt deshalb kaum Strand, abgesehen von einer mäßigen Lagunenbildung im Nordwesten bei Magdala und Kapernaum (sog. Ebene Gennesar, *el-Ġuwēr*). Das klare, süße Wasser des Sees ist reich an Fischen, wie denn überhaupt der See von Tiberias als eine der reizvollsten Landschaften Palästinas angesehen werden muß. Er liegt heute zur Gänze auf dem Territorium des Staates Israel und kann von jordanischem Boden aus nur bei *Umm Qēs* (dem antiken Gadara) eingesehen werden.

Südlich des Sees von Tiberias tritt der Jordan in die eigentliche Grabenniederung, den *Ġōr*. Seine Länge beträgt vom Südufer des Sees bis zum Nordufer des Toten Meeres ca. 105 km in Luftlinie. In diluvialer Zeit war der ganze *Ġōr* ein einziger großer See; der See von Tiberias und das Tote Meer sind nach dem Rückgang des Wassers als sog. Reliktenseen übriggeblieben. Der Boden des Jordangrabens ist demnach alter Seeboden mit Erosionsschlamm (Mergel). In diesen weichen Mergelboden hat sich der Jordan sekundär eingegraben und verläuft in zahllosen, sich beständig ändernden Windungen (Mäandern), Bögen und Armen, so daß seine tatsächliche Länge ein Vielfaches der Luftlinie beträgt. Dabei hat der Fluß auf einer Breite von mehreren hundert Metern bizarre und vollkommen sterile Mergelbänke aus dem Boden herausmodelliert, die dem Jordangraben in Flußnähe das Aussehen einer Mondlandschaft geben. An nicht wenigen Stellen sind diese 30—50 m hohen Mergelbänke wieder eingestürzt und haben Jordanfurten gebildet, so z. B. bei *ed-Dāmye,* dem alttestamentlichen Adam (Jos. 3, 16). Auf beiden Seiten des *Ġōr* fallen von den Gebirgen her

Schutthalden ab, die das Gelände vom Fluß aus nach Osten und Westen leicht ansteigen lassen.

Als nennenswerter Faktor der Verkehrsgeographie Palästinas kommt der Jordan nicht in Betracht. Seine Windungen und zahllosen seichten Stellen machen die Schiffahrt fast ganz unmöglich. Der Mergelboden ist unfruchtbar, der Jordangraben mithin eine Wüste. Nur selten entstehen durch Quellen Oasen, die menschliche Ansiedlung und Ackerbau gestatten. Die mit Abstand größte und durch Bewässerungsarbeiten ständig im Wachsen begriffene Oase ist die von Jericho, der Palmenstadt (Ri. 3, 13). Dagegen scheint der schmale Uferwald *(ez-Zōr)*, der den Lauf des Jordans auf seiner ganzen Länge begleitet, immer mehr zurückzugehen; er muß noch vor einem halben Jahrhundert dicht und stellenweise dschungelähnlich gewesen sein, zeigt heute jedoch nur noch selten kräftiges Gebüsch. Während nun die Verwerfungslinie der ostjordanischen Tafel ungefähr geradlinig von Norden nach Süden verläuft, bietet die westliche Verwerfung ein erheblich bewegteres Bild und gliedert den *Ġōr* in drei natürliche Landschaften. Zunächst hat der Graben nach dem Austritt des Jordans aus dem See von Tiberias eine Breite von ca. 3—4 km. Dann aber springt das westjordanische Gebirge zurück und bildet die

II. Bucht von Bethschean, genannt nach dem Hauptort *(Bēsān)*, in dessen Nähe sich der Ruinenhügel der antiken Stadt befindet *(Tell el-Ḥöṣn)*. Der Graben erreicht hier eine Breite von ca. 15—20 km. Von Westen her durchfließt die Bucht der am Ostrand der Ebene von Jesreel entspringende *Nahr Ǧālūd*, der Goliathsfluß. Die Bucht von Bethschean ist im Besitz des Staates Israel; die Grenze zu Jordanien markiert der Jordan. Vom alten Pella *(Ṭabaqāt Faḥil)* aus kann man die Bucht bei klarem Wetter in ihrer ganzen Ausdehnung übersehen.

III. Im Mittelteil des *Ġōr* ist der Graben kaum mehr als 2 km breit; der Jordan fließt hier nahe dem Abfall des westjordanischen Gebirges. Zu beiden Seiten ragen die Gebirgshöhen steil auf: im Osten der ᶜ*Aǧlūn*, im Westen das samarische Bergland. Die Enge endet bei der Jordanfurt von *ed-Dāmye*. An dieser Stelle münden von Osten her der Jabbok und von Westen das *Wādi Fārᶜa* in den Jordangraben und in den Fluß. Beide bilden eine klare landschaftliche Grenzmarke, die durch den weithin sichtbaren spitzen Kegel des Alexandreions *(Qarn Ṣarṭabe)* südlich des Austritts des *Wādi Fār$^{c}$a* in den Graben noch unterstrichen wird.

IV. Südlich davon springt das westjordanische Gebirge erneut zurück; es folgt der breiteste Teil des Jordangrabens (ca. 20 km), der landschaftlich von der großen Oase von Jericho beherrscht wird. Von Osten erreichen den Jordan: *Wādi Šu$^{c}$ēb* (im Unterlaufe *Wādi Nimrīn* genannt), *Wādi Kefrēn* und *Wādi Ḥesbān*; von Westen kommen: *Wādi el-$^{c}$Ōǧa, Wādi en-Nuwē$^{c}$ime* und *Wādi el-Qelt.* Durch das letztere läuft die alte Straße von Jerusalem nach Jericho. Schließlich mündet der Jordan in das

B. Tote Meer, den größten Reliktensee des syrischen Grabens. Seine Länge beträgt ca. 85 km, seine Breite maximal 15 km. Das Tote Meer erreicht im Nordteil Tiefen bis zu 400 m; sein Boden liegt demnach nahezu 800 m unter dem Spiegel des Mittelmeers. Im Süden dagegen ist es ganz seicht. Die Grenze zwischen dem Nord- und dem Südteil bildet die zungenförmige Halbinsel *el-Līsān.* Der Wasserspiegel des Toten Meeres schwankt sowohl im Rhythmus der Jahreszeiten (Hochstand im Juni) wie auch über größere Perioden hinweg. Genauere Meßergebnisse liegen freilich erst seit dem Beginn des 20. Jh. vor. Sie gestatten in Verbindung mit archäologischen Erwägungen den Schluß, daß der Wasserspiegel in der 2. Hälfte des 19. Jh. beträchtlich gestiegen ist, um in der 1. Hälfte des 20. Jh. wieder zu fallen. 1915 lag er bei —387 m, 1936 bei —392 m. Diese periodischen Schwankungen dürften mit dem Wechsel der Niederschlagsmengen zusammenhängen. Die Versuche, auf diesem oder ähnlichen Wegen die in Gen. 19 aufbehaltene Sage vom Untergang der Städte Sodom und Gomorrha quasi naturwissenschaftlich zu erklären, müssen ganz unsicher bleiben, da der Charakter der zugrundeliegenden sagenhaften Überlieferung dabei verkannt wird. Das Wasser des Meeres ist ganz ungewöhnlich schwer: Es enthält ca. 25 % feste Bestandteile mineralischer Art, vor allem Kochsalz und Pottasche. Das hohe spezifische Gewicht hat zur Folge, daß man auf dem Toten Meer sehr leicht schwimmen, genauer gesagt eigentlich nur liegen kann. Ähnlich wie der See von Tiberias füllt das Meer den Graben zwischen den beiden Verwerfungen nahezu ganz aus; es gibt im Osten und Westen nur wenige Stellen mit nennenswertem Strand, und oft bleibt nicht einmal Raum für einen Uferweg. Die Bachtäler aus den Gebirgen sind zumeist cañonartig tief in das Gestein eingeschnitten. Vor ihrer Mündung bilden sich — vor allem auf der Ostseite — kleine Lagunen *(Rās)* mit reichlicher, wenn auch unter dem Salzgehalt des Wassers und der Luft leidender Vegetation. Lebewesen fehlen im Toten Meer völlig. Fische, die sich aus den Zuflüssen, hauptsächlich dem Jordan, zu weit vorwagen, werden vom Salzwasser sofort getötet und alsbald an Land geschwemmt. Der Salzgehalt der Luft ist wegen der starken Verdunstung des Meerwassers außerordentlich hoch; die Luft zerfrißt Gestein und Keramik, merkwürdigerweise vornehmlich auf der Ostseite und im Süden des Toten Meeres. Schiffsverkehr gibt es nur wenig. Immerhin ist das Meer bereits im Altertum befahren worden, wie die Mosaikkarte von Madeba erkennen läßt. Der Name des Meeres schwankt im AT: „Salzmeer" (יַם הַמֶּלַח) Gen. 14, 3; „Grabenmeer" (יַם הָעֲרָבָה) Dt. 3, 17. Jos. 3, 16; „das östliche Meer" (הַיָּם הַקַּדְמֹנִי) Ez. 47, 18. Jo. 2, 20. Die Bezeichnung „Totes Meer" *(mare mortuum)* begegnet zuerst bei Hieronymus. Plinius, nat. hist. V, 15 kennt den auch später noch gebräuchlichen Ausdruck *Asphaltitis lacus.* Eusebius von Caesarea bietet in seinem Onomastikon der biblischen Ortsnamen nicht weniger als drei Namen: ϑάλασσα ἡ ἁλυκή, ἡ καλουμένη νεκρὰ καὶ ἀσφαλτῖτις „Salzmeer, auch totes und asphaltisches genannt" (Onom. 100, 4—5). Die Araber nennen das Meer in Erinnerung an die auch im Koran berichtete Geschichte von der Zerstörung der Städte Sodom und Gomorrha „Meer des Lot" (*Baḥr Lūṭ,* häufiger *Baḥayret Lūṭ*). Daß die Eigentümlichkeiten des Toten Meeres aufmerksamen Beobachtern schon früh aufgefallen sind, lehrt die rührend unbeholfene Beschreibung des Pilgers von Bordeaux aus dem Jahre 333: *„Item ab Hiericho ad mare mortuo milia nouem. Est aqua ipsius ualde amarissima, ubi in totum nullius generis piscis est nec aliqua nauis, et si qui hominum miserit se, ut natet, ipsa aqua eum uersat."* (CSEL 39, 1898: 24, 16—19).

*Literatur:* Voyage d'exploration à la Mer Morte, à Petra et sur la rive gauche du Jourdain par M. le Duc de Luynes (1874). — H. Schroetter, Das Tote Meer. Beitrag zur physikalischen Geographie und Balneologie mit Bemerkungen zur Flora der Ufergelände (1924). — G. Wagner, Vom Jordangraben. Landschaftsbilder eines Grabenbruchs im Trockengebiet. Sonderdruck aus: Aus der Heimat, Naturwissenschaftl. Monatsschrift (1934). — N. Glueck, The Jordan. BA 6 (1943) 62 ff. — Ders., The River Jordan (1946, 1968²). — M. Noth, Der Jordan in der alten Geschichte Palästinas. ZDPV 72 (1956) 123—148. — Y. Ben-Arieh, A Regional Geography of the Central Jordan Valley (between Lake Tiberias and Nahal Tabor) (hebr.) (Diss. Jerusalem 1963). — D. Neev, Recent Sedimentary Processes in the Dead Sea (1964). — É. de Vaumas, La dépression du Houlé. Bulletin de la Section de Géographie 75 (1963, ed. 1964) 499—551. — L. Picard, The Quarternary in the Northern Jordan Valley. Israel Academy of Science and Human Proceed. 1, 4 (1964). — R. Saint John, Roll Jordan Roll. The Life Story of a River and Its People

(1965). —M. Talmi, Lake Kinneret, Sea of Galilee (1965). — Ders., The Dead Sea (1966). — D. Nir, La vallée de Beth-Cheane. La mise en valeur d'une région à la lisière du Désert. Études et Mémoires 54 (1968). — Y. Ben-Arieh, The Changing Landscape of the Central Jordan Valley. Scripta Hierosolymitana 15, 3 (1968). — H. Steinitz—O. H. Oren, Bibliography on Lake Kinnereth. Limnologorum Conventus 17 in Israel, 5 (1968). — Y. Nir, Bibliography on the Dead Sea. Limnologorum Conventus 17 in Israel, 3 (1968). — U. M. Cowgill, The Waters of Merom. A Study of Lake Huleh I. Archiv f. Hydrobiologie 66, 3 (1969) 249—272. — A. Horowitz, Development of the Hula Basin, Israel. IsrJEarthSci 22 (1973) 107—139.

### 3. *Das Westjordanland*

Das Westjordanland ist der landschaftlich am stärksten durchgegliederte Teil Palästinas. Seine Vielfalt an Geländeformationen ist nicht leicht zu beschreiben. Bei großflächiger Betrachtung kann man folgende Landschaften unterscheiden: 1. Galiläa, 2. die Ebene von Megiddo, 3. das samarische Gebirge, 4. das judäische Gebirge, 5. die Küstenebene, 6. Die Bucht von Beerseba. Die Entfernungsverhältnisse: Vom Leontes der Alten *(Nahr Līṭānī)* bis nach Beerseba ca. 250 km, von der Mittelmeerküste bei Jaffa bis zum Jordan ca. 80 km, von der Mittelmeerküste bei Gaza bis zum Westufer des Toten Meeres ca. 100 km.

*1. Galiläa:* Galiläa ist die am weitesten im Norden gelegene Landschaft Palästinas, heute zur Gänze im Besitz des Staates Israel. Der Name הַגָּלִיל (Jos. 20, 7; 21, 32; 1. Kön. 9, 11 u. ö.) bezeichnete nach der freilich nicht unbestrittenen Auffassung A. Alts von Hause aus einen „Kreis" kanaanäischer Stadtstaaten in den Ebenen am West- und Südrande der Landschaft (d. h. in der Ebene von Megiddo und der Bucht von Akko); er wäre dann erst sekundär zum Namen des Gebirgsterritoriums geworden. Galiläa ist ein Kalksteingebirge, in dessen Norden Cenoman und in dessen Süden Senon vorherrschen. Nach Norden ist es vom Libanon durch das tief eingeschnittene Leontestal getrennt, obgleich Galiläa und der Libanon der geologischen Formation nach zusammengehören und eine klare landschaftliche Grenzmarke eigentlich nicht erkennbar ist. Im Osten, Westen und Süden fällt das Gebirge in Verwerfungen ab. Eine Gebirgsstufe auf der Höhe des Nordendes des Sees von Tiberias scheidet das galiläische Bergland in zwei Teile:

a) Obergaliläa: mit den höchsten Erhebungen im Gebiet des *Ǧebel Ṣafed*. Der *Ǧebel Ǧermaq* ist mit 1199 m der höchste Berg Palästinas überhaupt.

b) Untergaliläa: mit wesentlich sanfterem Landschaftscharakter. Der höchste Berg ist der Tabor *(Ġebel eṭ-Ṭōr)* mit 562 m. Der Südostteil Untergaliläas ist geologisch durch Lavagestein bestimmt, das mit den Vulkanstöcken im Ostjordanland *(Ġōlān, Ḥaurān)* zusammenhängt. Im Mittelteil und im Westen befinden sich zwischen den Bergzügen mehrere Ebenen; die größte und wichtigste ist der *Sahl el-Baṭṭōf*. Untergaliläa ist ein Staffelland, d. h. es fällt im Zuge seiner Südverwerfung staffelweise ab. Die jeweiligen Absenkungen der Staffeln neigen zur Versumpfung; sie ermöglichen ausgezeichnete landwirtschaftliche Nutzung.

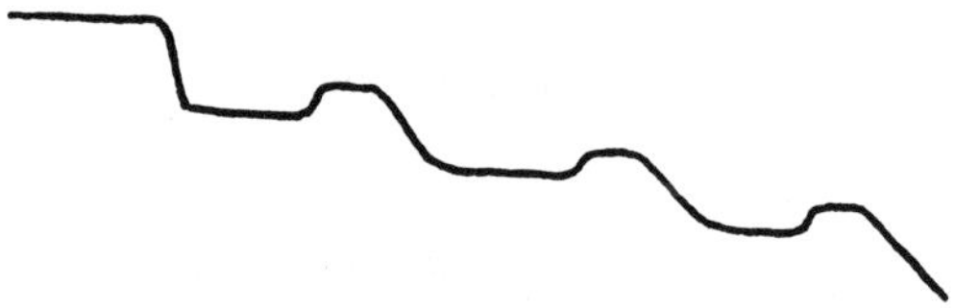

2. *Die Ebene von Megiddo:* Die Ebene zwischen dem galiläischen und dem zentralpalästinischen Gebirge ist eine der fruchtbarsten Alluvialebenen Palästinas überhaupt, seit grauer Vorzeit eine Kornkammer ersten Ranges. Der Name des Gebietes lautet im AT עֵמֶק יִזְרְעֶאל (Jos. 17, 16; Ri. 6, 33; Hos. 1, 5) nach der am Ostrande gelegenen Ortschaft Jesreel *(Zer$^{c}$īn)* oder בִּקְעַת מְגִדּוֹ (Sach. 12, 11; 2. Chron. 35, 22) nach dem am Südwestrande gelegenen Megiddo *(Tell el-Mutesellim)*. Die Araber nennen die Ebene *Merǧ Ibn $^{c}$Āmir*. Sie hat — schematisch vergröbert — Dreiecksgestalt: Im Norden ist sie durch die Verwerfungslinie des untergaliläischen Berglandes begrenzt, im Süden durch die in Nordwest-Südost-Richtung verlaufende Verwerfung des samarischen Gebirges; die Nordwestspitze wird durch den Karmelgebirgszug abgeschlossen, der südlich von Haifa weit ins Mittelmeer vorstößt. Im Osten begrenzen die Ebene zwei Gebirgsformationen: der vulkanische Südostzipfel des untergaliläischen Berglandes und der *Ġebel Fuqū$^{c}$a*, ein Nordostausläufer des samarischen Gebirges, der im AT „Gilboa" heißt (גִּלְבֹּעַ 1. Sam. 28, 4; 31, 1; 2. Sam. 1, 6 u. ö.). Beide werden vom *Nahr Ġālūd* durchbrochen, der durch die Bucht von Bethschean in den Jordan entwässert. An der Durchbruchsstelle liegt die Wasserscheide nur etwa 100 m über dem Spiegel des Mittelmeeres. Nach Nordwesten fließt der *Nahr el-Muqaṭṭa$^{c}$*, der Kison des AT (קִישׁוֹן Ri. 4, 7; 5, 21; 1. Kön. 18, 40 u. ö.); er führt in der Trockenzeit nur wenig Wasser und mündet bei Haifa ins Mittelmeer.

Die Ebene von Megiddo hat neben ihrer landwirtschaftlichen Nutzbarkeit eine nicht minder wichtige verkehrsgeographische Bedeutung:

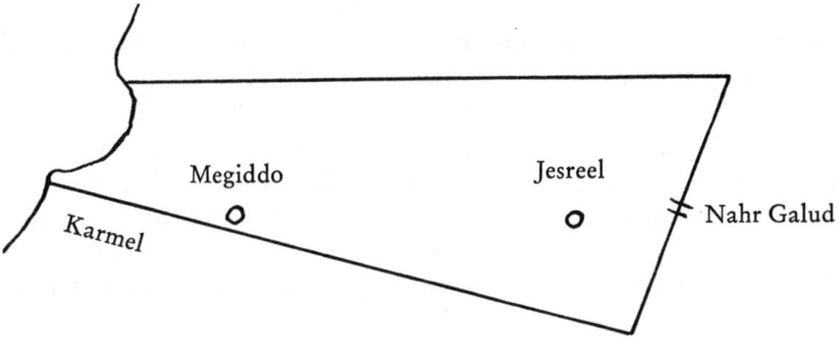


Durch sie verläuft der Verbindungsweg von Ost nach West, der sich mit der alten nordsüdlichen Küstenstraße in der Nähe von Megiddo kreuzt. Nicht zuletzt deshalb ist die Ebene im Altertum das klassische Schlachtfeld Palästinas gewesen: Hier schlug Pharao Thutmoses III. (1504—1450 v. Chr.) eine Koalition kanaanäischer Stadtfürsten unter der Führung des „elenden Asiaten" von Qadesch am Orontes, hier schlugen israelitische Stämme die Deboraschlacht (Ri. 4/5), hier verlor König Josia von Juda im Jahre 609 v. Chr. Freiheit und Leben an Pharao Necho (2. Kön. 23). Am Ende dieses Weltzeitalters wird nach der Offenbarung Johannis 16, 16 bei Megiddo *(Harmagedon)* die letzte Schlacht geschlagen werden.

*3. Das samarische Gebirge:* Das samarische Gebirge bildet zusammen mit dem judäischen einen geschlossenen Gebirgszug, auf dessen Rücken die Wasserscheide zwischen dem Mittelmeer und dem Jordangraben verläuft und dessen Höhe nach Süden stetig zunimmt. Sein Name lautet im AT gewöhnlich „Gebirge Ephraim" (הַר אֶפְרָיִם), obgleich es größer ist als das Territorium des israelitischen Stammes Ephraim. Heute nennt man es *Ǧebel Nāblus* (nach dem Hauptort *Nāblus*, der Nachfolgesiedlung des alten Sichem). Auf dem Rücken des Gebirges liegen altberühmte Ortschaften wie Bethel *(Bētīn)*, Silo *(Ḫirbet Sēlūn)*, Sichem *(Tell Balāṭa)* und Samaria *(Sebaṣṭye)*. Es handelt sich um ein Kalksteingebirge, vorherrschend aus weichem Senon, mit zahlreichen sanften Tälern und Mulden. Das Ganze ist von mäßiger Höhe; die höchste Erhebung bildet der *Ǧebel ᶜAṣūr* (1011 m). Nach Süden hat das samarische Gebirge keine klare landschaftliche Begrenzung; man läßt es aus historischen Gründen halbwegs zwischen *Bētīn* und Jerusalem enden. Im Norden fällt es durch Verwerfung sanft zur Ebene von Megiddo ab; der nordwestliche Ausläufer ist der Karmel (552 m), der nordöstliche das Gilboa-Gebirge (*Ǧebel Fuqūᶜa* 518 m). Verhältnismäßig sanft ist auch der Verwerfungsabfall zur Küste des Mittelmeeres, erheblich steiler der Absturz zum Jordangraben. Im Zentrum des Berglandes liegt die Ebene des alten Sichem: Dort kreuzen sich die Nordsüdstraße auf der Wasserscheide des Gebirges und die Ost-West-Verbindung aus dem Jordangraben durch das *Wādi Fārʿa* über Sichem und Samaria zum Mittelmeer. Diese glanzvolle verkehrsgeographische Lage hat A. Alt veranlaßt, Sichem „die ungekrönte Königin Palästinas“ zu nennen. Den Westrand der Ebene von Sichem begrenzen die Berge Garizim (*Ǧebel eṭ-Ṭōr* 868 m) und Ebal (*Ǧebel Islāmīye* 938 m), beide aus dem AT hinlänglich bekannt (Dt. 27 u. ö.).

*4. Das judäische Gebirge:* Der Landschaftscharakter des judäischen Gebirges ist strenger als der des samarischen. Es herrscht Cenoman-Kalkstein vor; deshalb sind die Gebirgsformationen in der Regel schroffer, die Täler zerklüfteter, die Farben dunkler. Der Name des Berglandes lautet im AT „Gebirge Juda“ (הַר יְהוּדָה), gelegentlich auch einfach „das Gebirge“ (הָהָר; vgl. Jos. 10, 40; 11, 16 u. ö.). Heute nennt man den Nordteil *Ǧebel el-Quds* (nach Jerusalem) und den Südteil *Ǧebel el-Ḫalīl* (nach Hebron). Auch das judäische Gebirge steigt nach Süden stetig an; seine höchste Erhebung erreicht es ungefähr 5 km nördlich von Hebron mit 1028 m. Die Begrenzung nach Norden gehört wiederum in den Bereich der historischen Geographie. Nach Süden sinkt das Gebirge in mehreren Verwerfungsstufen von geringer Sprunghöhe zur Bucht von Beerseba ab (Hebron ca. 900 m, Beerseba ca 250 m). Nach Osten fällt es in ebenfalls mehrstufiger Verwerfung, aber schroffer als im Süden, zum Toten Meer hinunter: Diese Gegend liegt im Regenschatten des Gebirges und hat deshalb wenig Niederschläge („Wüste Juda“ מִדְבַּר יְהוּדה Ri. 1, 16; Ps. 63, 1; Luk. 10, 30 ff.). Die Wüste Juda kann landwirtschaftlich nicht genutzt werden; sie ist allenfalls Aufenthaltsgebiet von Kleinviehnomaden. Nur selten bilden sich durch Quellen Oasen: Die größte und schönste ist *ʿĒn Ǧidī* am Westufer des Toten Meeres (עֵין גֶּדִי; vgl. Jos. 15, 62; 1. Sam. 24, 1; Ez. 47, 10 u. ö.). Von besonderem Interesse ist ferner die kleine, wellige Ebene *el-Buqē$^{a}$ʿ* zwischen dem *Wādi Mukellik* im Norden und dem *Wādi en-Nār* (Unterlauf des Kidrontales) im Süden: ein heute ganz wüstes Gebiet, das jedoch nach Ausweis archäologischer Untersuchungen im Altertum landwirtschaftliche Bedeutung hatte (*Ḫirbet Karm es-Samrā, Ḫirbet Karm el-ʿAṭrad*). In byzantinischer Zeit war die Ödnis der Wüste Juda bevorzugter Aufenthaltsort von anachoretischen und koinobitischen Mönchen; heute sind nur noch wenige Klöster übriggeblieben (vor allem das Georgskloster *Dēr el-Qelt*, das Theodosiuskloster *Dēr Dōsī* und das Sabbaskloster *Dēr Mār Sābā*). Bemerkenswert ist die

Gestalt des judäischen Gebirges auf seiner Westseite. Hier fällt es zunächst in einer ersten starken Verwerfung zu einem sanften, flachen Hügelland aus weichem Senongestein herab. Die maximale Breite dieses Hügellandes beträgt auf der Höhe von *Bēt Ǧibrīn* etwa 20 km. Der Übergang vom Gebirge zum Hügelland erfolgt abrupt; man erkennt ihn ohne Schwierigkeiten an den Höhenunterschieden und der hier und dort unterschiedlichen Färbung des Gesteins. So hat die *Ḫirbet el-Lōz* westlich von Jerusalem eine Höhe von 822 m, während das nur etwa 8 km davon entfernte *ᶜArtūf* auf 278 m liegt. Da die Verwerfung in dieser Gegend besonders deutlich sichtbar ist, hat man sich daran gewöhnt, von der *ᶜArtūf*-Verwerfung zu sprechen. Das Hügelland heißt im AT שְׁפֵלָה (Dt. 1, 7; Jos. 9, 1; 10, 40; Ri. 1, 9; Jer. 17, 26 u. ö.). Nach Westen sinkt es in einer zweiten, beträchtlich geringeren Verwerfung zur Küstenebene ab. Danach stellt sich das Gebirge Juda auf der Höhe von Jerusalem und Bethlehem im Schnitt etwa wie folgt dar:

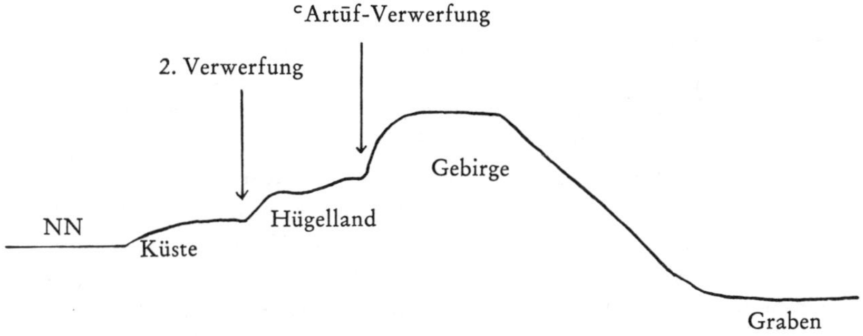


5. *Die Küstenebene:* Bei der Betrachtung des Küstengebietes muß berücksichtigt werden, daß die Oberflächengestalt durch die Siedlungs-, Bau- und Kultivierungsarbeiten des Staates Israel in den letzten 25 Jahren besonders stark verändert worden ist. Großstädte wuchsen aus dem Boden (Tel Aviv, Haifa), Landwirtschaft und Industrie gaben der Ebene ein neues Gesicht. Es empfiehlt sich, auf das Elementare zurückzugehen und im Kontext der physikalischen Geographie den Zustand vor 1948 ins Auge zu fassen. Die palästinische Küstenebene wird durch diluviale und alluviale Ablagerungen gebildet, die z. T. terrestrischen, z. T. marinen Ursprungs sind. Feste Steinformationen gibt es kaum. Zu den terrestrischen Sedimenten gehört der Erosionsschlamm, den die Flüsse aus dem Gebirge herabschwemmen. Marine Sedimente sind Ablagerungen des Mittelmeeres. Wichtig ist in diesem Zusammenhang

die Wirkung einer starken Meeresströmung von Westen nach Osten, die Nilsedimente mit sich führt und an die südpalästinische Küste spült. In schematischer Reduktion sieht das aus wie die länger nicht gekehrte Ecke eines Zimmers.

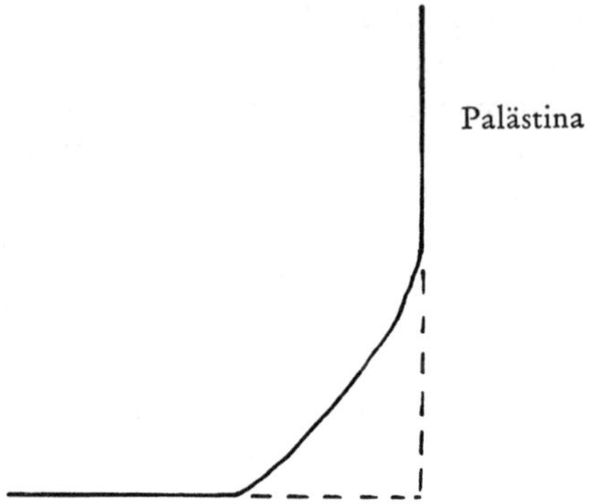


Hinzu kommen Sanddünen, die die Küste auf ihrer ganzen Länge begleiten. Sie sind teils verlehmt und damit festliegend, teils wandern sie in der Trockenzeit ins Binnenland und versanden weite Gebiete. Die Küstenebene ist flach, lang und sehr schmal; nur im Süden verbreitert sie sich etwas. Die Entfernungsverhältnisse: Von Gaza zum *Rās en-Naqūrā* ca. 200 km; dabei am Karmel nicht mehr als 3 km breit, zwischen Caesarea und dem Gebirge ca. 10 km, zwischen Jaffa und dem Gebirge ca. 20 km, zwischen Gaza und Beerseba ca. 40 km. Im Süden gibt es östlich von Gaza ein fruchtbares Lößgebiet, die Gegend des alten Gerar *(Tell eš-Šerīᶜa)*, das jedoch wegen der geringen Niederschlagsmengen landwirtschaftlich nicht voll genutzt wird. Zahlreiche Flüsse und Bäche durchfließen die Küstenebene. Meistens sind sie kurz, nicht sehr wasserreich und entspringen am Ostrande des Dünengürtels aus Regenwasserdepots. Ausnahmen sind der *Nahr el-ᶜŌǧa* nördlich von Jaffa und der *Nahr el-Muqaṭṭaᶜ* (Kison), deren Ursprung jeweils weiter landeinwärts liegt. Der geradlinige Küstenverlauf und das Fehlen von Steilküstengebieten machen die palästinische Küste hafenarm. Als der beste Hafen hat im Altertum Akko *(ᶜAkkā)* gegolten, heute ist es natürlich Haifa. Weiter im Süden sind, mit gebührendem Abstand, Caesarea *(Qēṣārye)* und Jaffa zu nennen; freilich ist nicht einmal Jaffa als Hafen von Tel Aviv von nennenswerter Bedeutung. Man kann die Küstenebene landschaftlich in drei Teile gliedern: a) die Ebene von Akko (vom *Rās en-Naqūrā* bis zum

Karmel); b) die Ebene Saron (vom Karmel bis zum *Nahr el-ᶜŌǧa*); c) die Südebene (vom *Nahr el-ᶜŌǧa* bis Gaza).

*6. Die Bucht von Beerseba:* Die südliche mehrstufige Verwerfung des judäischen Gebirges läßt das Land von ca. 1000 m (bei Hebron) auf ca. 250 m (bei Beerseba) fallen. Die vom Mittelmeer kommenden Wolken haben in dieser Gegend kaum Gelegenheit, sich abzuregnen. Mit zunehmender Entfernung vom Mittelmeer werden die Niederschläge immer geringer: Es beginnt die Südwüste, im AT und im Sprachgebrauch des Staates Israel „Negeb" genannt (נֶגֶב Gen. 20, 1; 24, 62; Jos. 15, 19 u. ö.). Das Land ist durch tiefe Täler zerrissen; es fällt nach Osten mit einer scharfen Verwerfungskante ins *Wādi el-ᶜArabā* ab. Nach Süden setzt sich der Negeb übergangslos einerseits in die Isthmuswüste zwischen Palästina und Ägypten, andererseits in die Wüstengebiete der Sinai-Halbinsel fort. Hauptort ist Beerseba, der alte Markt und Handelsumschlagsplatz für die im Negeb hausenden Beduinen, heute die zweitgrößte Stadt Israels. Die Regierung des Staates Israel fördert umfassende Projekte zur Bewässerung und landwirtschaftlichen Nutzbarmachung der Südwüste, sei es durch Ableitung des Jordanwassers aus dem Norden oder durch die Wiederaufnahme und Vervollkommnung einer bereits im Altertum geübten Technik der Speicherung des kargen Regenwassers mit Dämmen und Gräben. Auch große Industrieanlagen sind heute im Negeb anzutreffen.

*Literatur: ad 1)* V. Schwöbel, Die Verkehrswege und Ansiedlungen Galiläas in ihrer Abhängigkeit von den natürlichen Bedingungen. ZDPV 27 (1904) 1—151. — Western Galilee and Its Sea-Coast. Israel Exploration Society, 19th Annual Convention (Nahariyah 1963) (hebr.) (1965). — W. Richter, Entwicklung und junger Wandel der Agrarlandschaft Israel, dargestellt insbesondere am Beispiel Nordgaliläas. Kölner geograph. Arbeiten 21 (1969). — R. Gerson, The Geomorphology of Biqᶜat Ḳadesh and Naḥal Ḳadesh. Jerusalem Studies in Geography 1 (1970) 129—151. — *ad 3)* V. Schwöbel, Samarien. Das westpalästinische Mittelland. ZDPV 53 (1930) 1—47. 89—135. — E. Graf v. Mülinen, Beiträge zur Kenntnis des Karmels. ZDPV 30 (1907) 117—207; 31 (1908) 1—258. — *ad 4)* G. Dalman, Jerusalem und sein Gelände (1930, Nachdruck 1972). — Z. Ron, Agricultural Terraces in the Judean Mountains. IEJ 16 (1966) 33—49. 111—122. — *ad 5)* P. Range, Die Küstenebene Palästinas mit geologischer Übersichtskarte (1922). — *ad 6)* W. Zimmerli, Die landwirtschaftliche Bearbeitung des Negeb im Altertum. ZDPV 75 (1959) 141—154. — N. Glueck, Rivers in the Desert (1959). — I. Schattner—M. Karmon, Die Karte des Zentral-Negev und der angrenzenden Gebiete. Erdkunde 18, 4 (1964). — H. Skrobucha, Sinai (1966/67). — M. Evenari—N. H. Tadmor—L. Shanan, The Negev. The Challenge of a Desert (1971).

## § 3: Das Klima Palästinas

Palästina gehört zur mediterranen Klimazone mit überwiegend subtropischem Klima. Ein wesentliches Merkmal des subtropischen Klimas ist die Teilung des Jahres nicht in vier, sondern in zwei Jahreszeiten: den regenreichen Winter und den regenlosen Sommer. Ähnliche klimatische Verhältnisse wie in Palästina trifft man z. B. in Südspanien, Schanghai und Nangking, Georgia (USA).

### *1. Niederschläge*

Die Regenzeit beginnt mit den Frühregen im Oktober, erreicht ihre Höhe im Januar/Februar und endet mit den Spätregen im April/Mai. Das alttestamentliche Hebräisch unterscheidet genau: מָטָר Regen (allgemein), גֶּשֶׁם Sturzregen, יוֹרֶה Frühregen, מַלְקוֹשׁ Spätregen. Die Niederschläge kommen ausschließlich von Westen, aus der großen Verdunstungspfanne des Mittelmeeres. Dort bilden sich Wolken, die von den ostwärts streichenden Windströmungen ins Land getragen werden, am Gebirge in kühlere Lagen aufsteigen und kondensieren. So entsteht „Steigungsregen" am Westhang und auf der Höhe des westjordanischen Gebirges und auf der ostjordanischen Tafel, weniger in der Küstenebene, auf der Ostseite des westjordanischen Gebirges, im Jordangraben und im Negeb. Er fällt nicht nur kontinuierlich als Landregen, sondern oft in gewaltigen Regengüssen, deren Wassermassen vom Kalksteinboden nicht sogleich aufgenommen werden können. Daher entwickeln sich in den im Sommer trockenen Tälern kräftige bis reißende Regenbäche, sog. intermittierende Gewässer (hebr. נַחַל, arab. *wādi,* plur. *awdiya*) im Gegensatz zum perennierenden Wasser (hebr. אֵיתָן, arab. *nahr,* plur. *nuhūr* oder *anhār*). Die durchschnittlichen Niederschlagshöhen für Jerusalem bei ca. 60 Regentagen im Jahr, zum Vergleich in Jahresgruppen angegeben: 1866—1879/580 mm; 1893—1914/605 mm; 1922—1941/467 mm; 1942—1947/527 mm; 1948—1960/483 mm. Gewitter mit Hagel oder Schloßen kommen im Winter gelegentlich vor. Schnee (hebr. שֶׁלֶג, arab. *telǧ*) ist auf dem Gebirge nicht ganz unbekannt; der Palästinenser kennt ihn jedoch hauptsächlich vom Hermon und von den Höhen des Libanon, die im Norden bis nahezu 3000 m aufsteigen. Im Sommer ist der sich nachts aus der Luftfeuchtigkeit niederschlagende Tau gewöhnlich die einzige Befeuchtung — vor allem in Wüstengebieten, wo er ausreicht, um resistente Wüstenpflanzen am Leben zu erhalten.

## 2. *Temperatur*

Palästina hat im Januar die niedrigsten, im Juli/August die jeweils höchsten Temperaturen. Mittelwerte in Jerusalem und Berlin um 1930: Jerusalem Jan. 7,9°, Juli/Aug. 23—24°; Berlin Jan. —0,6°, Juli/Aug. 19°. Mittelwerte der Jahresmittel der Temperatur in Jerusalem, zum Vergleich in Jahresgruppen angegeben: 1866—1879/17°; 1893—1914/16,7°; 1922—1941/17,5°; 1942—1947/17,1°; 1948—1960/17,4°. Temperaturen unter 0° kommen nur selten vor. Auf dem Gebirge ist es in der Regel kühler als in der Küstenebene, im Jordangraben und im Negeb, wo im Sommer nicht selten 40° und mehr gemessen werden. Die hohe Luftfeuchtigkeit in den Niederungen macht die Hitze selbst für Einheimische schwer erträglich. Beträchtlich ist der Unterschied zwischen Tag- und Nachttemperaturen, vor allem in der Wüste, wo Mensch und Tier am Tage braten und nachts empfindlich frieren müssen (Differenzen bis zu 20°).

## 3. *Winde*

Die Winde kommen in Palästina vorwiegend vom Mittelmeer, sind also Westwinde. Sie erreichen das westjordanische Gebirge gewöhnlich um Mittag und am frühen Nachmittag und bringen im Sommer erwünschte Kühlung (vgl. Gen. 3, 8; 8, 1 u. ö.). Wenig später streichen sie in großer Höhe über den Jordangraben, in dessen Tiefe davon nichts zu merken ist, und gelangen ins Ostjordanland. Die Westwinde können von erheblicher Stärke sein, vor allem auf ungeschützten Gebirgshöhen; sie halten gewöhnlich bis zum Abend an. In den tieferen Lagen des Jordangrabens herrschen dagegen heiße Nordwinde vor, die vielfach Staub mit sich führen; sie bilden Windhosen, die nach allen Himmelsrichtungen wandern, hauptsächlich von Norden nach Süden. Beim Wechsel der Jahreszeiten kommen aus der Wüste heiße Ostwinde ins Land, von den Arabern *eš-šerqīye* genannt (davon italien. *sirocco*), auch *el-ḫamsīn*. Nach ihrem Abflauen liegt oft noch tagelang die von ihnen mitgebrachte schwüle, drückende Luft über Palästina, *es-samūm* „Giftluft“ genannt. Beim Übergang vom Winter zum Sommer bringt der Schirokko die winterliche Vegetation zum plötzlichen Erliegen: „Die Blume des Grases verdorrt“ (Jes. 40, 6 ff.; Ps. 103, 15 f.).

### *4. Das historische Klima*

Auf die im Laufe der Erdzeitalter erheblichen Veränderungen im Klima Palästinas kann hier nur hingewiesen, nicht aber ausführlich eingegangen werden. Die Existenz des sog. *Līsān*-Sees im palästinischen Jordangraben beweist für das Diluvium und Alluvium höhere Niederschlagsmengen, die weder vom Boden resorbiert noch schnell genug verdunstet werden konnten. Andererseits zeigt die unterschiedliche Dünenbildung an der Mittelmeerküste, daß es einmal eine längere Trockenzeit gegeben haben muß, die den Sand mobil machte und das Verlehmen der Dünen verlangsamte. Wann sie stattfand, ist nicht mit Sicherheit auszumachen. Auch in historischer Zeit sind Klimaschwankungen geringeren Grades festzustellen. So wechselt z. B. periodisch die Menge der Niederschläge, was am jeweiligen Wasserstand des Toten Meeres abgelesen werden kann. Daß diese Schwankungen jedoch keinen sehr großen Einfluß auf die Landwirtschaft gehabt haben können, zeigen die Daten der israelitischen Jahresfeste. Das Bauernjahr ist durch die Jahrtausende geschichtlich erkennbarer Epochen bis in die Gegenwart im wesentlichen unverändert geblieben.

*Literatur:* M. Blankenhorn, Studien über das Klima des Jordantales. ZDPV 32 (1909) 38—109. — K. W. Butzer, Quarternary Stratigraphy and Climate in the Near East (1958). — D. Ashbel, 117 Years of Rainfall Observations, 1845—1962 (hebr.) Hebr. University, Section for Climatology and Meteorology (1963). — D. Sharon, Variability of Rainfall in Israel. A Map of the Relative Standard Deviation of the Annual Amounts. IEJ 15 (1965) 169—176. — D. Ashbel, The Sunny Climate of Jerusalem, 1860—1964 (hebr.) (1965). — Ders., Das Klima der Ebene Jesreel, 1910—1964 (hebr.) (1965). — Ders., Climate of the Great Rift: Arava, Dead Sea, Jordan Valley (1966). — Ders., Climate of the Negev (1966). — D. Elbashan, Monthly Rainfall Isomers in Israel, 1931—1960. IsrJEarthSci 15 (1966) 1—7. — L. Shanan—M. Evenari—N. H. Tadmor, Rainfall Patterns in the Central Negev Desert. IEJ 17 (1967) 163—184. — M. Levi, Fog in Israel. IsrJEarthSci 16 (1967) 7—21. — R. L. Raikes, Weather and Prehistory (1967). — M. Liverani, Variazioni climatiche e fluttuazioni demografiche nella storia siriana. OrAnt 7 (1968) 77—89. — D. Ashbel, Rainfall and Potential Evaporation in Israel and the Near East (1970). — W. Haude, Über klimatische und menschliche Einwirkungen auf den Wasserhaushalt des Toten Meeres in seiner Vergangenheit. ZDPV 88 (1972) 105—139. — A. D. Crown, Toward a Reconstruction of the Climate of Palestine 8000 B.C.—0 B.C. JNES 31 (1972) 312—330.

## § 4: Die Flora Palästinas

### *1. Urlandschaften*

Die Flora Palästinas ist hier nicht unter botanischen, sondern unter geographischen Gesichtspunkten zu betrachten. Ohne Rücksicht auf menschliche Besiedelung und Kultivierungsarbeit sind zunächst drei „Urlandschaften" zu unterscheiden:

#### a) Wüste

Palästina ist im Osten und Süden von Wüste umgeben; hinzu kommt das Wüstengebiet des Jordangrabens. Man spricht von Wüste, wenn die jährliche Niederschlagsmenge weniger als 200 mm beträgt und wenn weniger als die Hälfte des Bodens mit Pflanzenwuchs bedeckt ist. Die syrisch-arabischen Wüstengebiete sind in der Regel nicht Sandwüsten, sondern Kalksteinwüsten, die auf weite Strecken eine dünne Humusschicht, den Nährboden ärmlicher und anspruchsloser Pflanzen tragen. Daneben gibt es auch völlig vegetationslose Feuersteinbänke und versalzte Flächen. Die Wüstenvegetation besteht aus niedrigen Büschen, die je nach ihrer Dichte Kamelen, gegebenenfalls auch Ziegen und Schafen als Nahrung dienen können: sog. Zwergbuschwüste. Natürlich kommt es hier und dort zu Oasenbildung, entweder an Quellen (echte Oasen) oder bei relativ hohem Grundwasserspiegel (Halboasen). Flußoasen nach Art von Nil, Euphrat und Tigris hat Palästina nur eine einzige: den Uferwald *(ez-Zōr)* des Jordan mit Tamarisken, Euphratpappeln und Oleander. Am heißen Mittag steigt die Luft über dem Wüstenplateau gewöhnlich nicht sehr hoch, sondern bleibt dicht über dem Boden unbeweglich liegen: Ursache für die Erscheinung der sog. unechten *Fata Morgana* (flimmernde Luft, Illusion einer Seenplatte).

#### b) Steppe

In den Steppengebieten zwischen Wüste und Kulturland betragen die jährlichen Niederschläge ca. 300—400 mm. Die syrisch-arabische Steppe ist eine „Halbstrauch-Gras-Steppe", d. h. es wachsen niedrige Sträucher und Gräser, die nicht nur wie in der Wüste extensive, sondern streckenweise bereits intensive Weidewirtschaft ermöglichen. Man findet gelegentlich noch wilden Weizen und wilde Gerste, dazu überall zahlreiche Disteln und Dornsträucher (z. B. die *Astragalus*-Arten, aus denen im Altertum Tragakanth gewonnen wurde), auch Wermuthpflanzen *(Artemisia)*. Der Steppengürtel ist in Palästina relativ schmal, in Nordsyrien erheblich breiter. Wüste und Steppe gehen allmählich ineinander über.

### c) Wald

Gegenden mit mehr als 500 mm jährlicher Niederschlagsmenge waren ursprünglich ausnahmslos Waldgebiete. Freilich sind die Wälder schon früh abgeholzt worden, und zwar aus zwei Gründen: Gewinnung von Ackerland (Rodung) und Gewinnung von Nutzholz (Architektur, Schiffsbau u. dgl.). Das Ergebnis dieses jahrtausendelangen Raubbaus ist die Verkarstung der ehemals bewaldeten Gebirgsgegenden. In der Gegenwart versuchen Israel und die arabischen Staaten langwierige und mühsame Aufforstungsarbeiten. So wie in Mittel- und Nordeuropa die Heide Nachfolger des Waldes ist, findet man in ehemaligen palästinischen Waldgebieten das dornige Becherkraut *(Poterium spinosum)*. Zusammenhängende Waldgebiete gibt es heute noch in Resten am Westrand des judäischen und samarischen Gebirges, auf dem Karmel, in Obergaliläa und im *ᶜAǧlūn*. Ansonsten stehen im Lande nur noch zahlreiche Haine, Baumgruppen und einzelne Bäume (die oft Namen tragen). Sie gelten seit alters als Behausungen von Göttern und Dämonen (Dt. 12, 2 u. ö.); noch heute werden sie von den Arabern gelegentlich mit Stoffetzen behangen und sind dann „bewohnt".

R. Gradmann, Palästinas Urlandschaft. ZDPV 57 (1934) 161—185.

Diese einfache Gliederung in „Urlandschaften" führt zu historischen Konsequenzen. Die Wüste kommt für menschliche Besiedlung nicht in Betracht; sie ist Aufenthaltsgebiet zahlenmäßig begrenzter Nomadenstämme, die ihre Kamele oder ihr Kleinvieh über weite Strecken von Wasserstelle zu Wasserstelle treiben (extensive Weidewirtschaft). Die Steppe dagegen ermöglicht bereits intensive Weidewirtschaft und Anfänge des Ackerbaus; sie hat wohl auch ursprünglich den Übergang des Menschen vom Jäger und Viehtreiber zum Bauern befördert. Die gängigen Getreidearten sind von Hause aus Steppengräser. Die Steppe ist also Ursprungsort menschlicher Ackerbaukultur und Gesittung. Sie ist genutzt worden, lange bevor sich Menschen entschlossen, durch Rodung von Wald neues besseres Ackerland zu gewinnen oder in den Flußoasen Berieselungskulturen einzurichten.

M. Freiherr von Oppenheim, Die Beduinen. 2 Bde. (1939/1943).

Ein Überblick über die wichtigsten Pflanzenarten Palästinas, als Orientierungshilfe und unter Verzicht auf Einzelheiten:

## 2. *Arten*

### a) Wildwachsende Pflanzen

In den Waldregionen herrscht Buschwald vor, die sog. Macchie (italien. *macchia*) mit zahlreichen verschiedenen Sträuchern und Büschen. Größere Bäume: Eichen mehrerer Arten, bes. Kermes- oder Steineiche *(Quercus coccifera)* und Knoppereiche *(Quercus aegilops)*; Terebinthen *(Pistacia terebinthus)* — im AT unterschiedslos אֵילוֹן, אֵלָה genannt; ferner Föhren *(Pinus carica)*, Aleppokiefern *(Pinus halepensis)*, Johannisbrotbäume (*Ceratonia siliqua*, einzeln, nicht waldbildend), Mastixbaum *(Pistacia lentiscus)* und Weißdorn *(Crataegus azarolus)*. In den Steppen, gelegentlich sogar noch in den Wüstengebieten (z. B. im Jordangraben) findet man: Tamarisken (*Tamaricaceae*, hebr. אֵשֶׁל); Weißpappel *(Populus euphratica)*; Ginster, vor allem Besenginster (*Retam raetam*, hebr. רֹתֶם) und Dornginster *(Calycotome villosa)*; Christusdorn *(Zizyphus spina Christi)*. Zur Regenzeit entstehen überall im Lande wilde Wiesen mit zahlreichen bunten Blumen, besonders Anemonen *(Anemone coronaria)*, Erdscheiben *(Cyclamen latifolium)*, Herbstzeitlosen, Hyazinthen, Narzissen, Tulpen, Iris u. a.; vgl. Cant. 2, 1 f. Matth. 6, 28 ff. u. ö. Am Ufer perennierender Flüsse und Bäche wächst Oleander mit roten und weißen Blüten.

### b) Kulturpflanzen

Von den gängigen Getreidearten werden hauptsächlich Weizen, Gerste und Durra (Mohrenhirse, Kafferkorn) angebaut; Roggen und Hafer gibt es kaum. Man kennt Sommersaat und Wintersaat. Die Getreideernte findet in den Monaten April bis Juni statt. Das Getreide wird seit dem Altertum in der Regel ziemlich hoch über dem Erdboden mit Sicheln geschnitten. Hinter den Schnittern gehen die Ährensammlerinnen, die die geschnittenen Halme raffen und zu Haufen zusammenlegen (keine Garbenpuppen). Auf der Tenne mit festgestampftem, nach Möglichkeit felsigem Untergrund werden die Ähren mittels Dreschschlitten ausgedroschen, sodann geworfelt, gesiebt und die Körner in großen tönernen Vorratsgefäßen (auch in Säcken) aufbewahrt.

Die modernen, im Staate Israel üblichen Getreideaufbereitungsmethoden finden in der arabischen Landwirtschaft nur zögernd Eingang.

### c) Kulturbäume und -sträucher

1. Ölbaum (hebr. זַיִת, arab. *ez-zētūn*), ein immergrüner, fast überall wachsender Baum. Man zieht ihn nicht aus den Kernen, sondern pflanzt ihn durch Okulieren der Wurzelschößlinge fort. Die Olivenernte ist Ende September. Man schlägt die Früchte mit Stangen ab (Jes. 17, 6), salzt sie ein oder preßt das Fleisch zum Zwecke der Ölgewinnung. Das Öl dient als Speiseöl, gelegentlich auch noch als Brennstoff für Lampen und als Seife. — 2. Feigenbaum (תְּאֵנָה, *et-tīn*), anspruchsloser als der Ölbaum, oft mit diesem oder mit Weinstöcken zusammen gezogen. Der Baum verliert im Winter seine Blätter. Feigen erntet man kontinuierlich vom Mai/Juni bis in den Herbst. Zu Beginn der Ernte gibt es die besonders saftigen und wohlschmeckenden Frühfeigen (Jes. 28, 4). Die Feigen werden frisch oder getrocknet gegessen. Im Altertum ersetzten sie den Zucker. — 3. Weinstock (גֶּפֶן, *el-ᶜarīš*), zumeist kriechend, nur selten rankend. Die Trauben sind sehr süß und aromatisch, der Wein ist schwer und nicht ungefährlich. Man verarbeitet Weintrauben auch zu Sirup. Hauptweinbaugebiete: Hebron *(el-Ḫalīl)*, der Karmel, das Hügelland, im Ostjordanland die Gegend von *eṣ-Ṣalt*. — 4. Granatapfel (רִמּוֹן, *er-rummān*), ein Einzelgänger im Gebirge, mit weißrotem saftigen Fleisch und vielen glasklaren Kernen, geeignet zur Fruchtsaftbereitung. — 5. Sykomoren (שִׁקְמָה, *et-tūt*), sog. Maulbeerfeigenbaum *(Morus alba et nigra)*, vor allem im Hügelland gezogen (Am. 7, 14). Die Früchte sind ziemlich bitter; sie sind Speise der armen Leute und der Vögel. — 6. Dattelpalmen (תָּמָר, *en-naḫl*), relativ selten, hauptsächlich in der Küstenebene, in der Oase von Jericho (vgl. Dt. 34, 3; Ri. 1, 16 u. ö.), bei Beth-Schean und am See Genezareth. — 7. Bananen *(el-mōz)*, hauptsächlich in der Küstenebene und in der Oase von Jericho. Die Banane ist keine endemische Pflanze. Ihr Anbau setzt ständige Berieselung voraus. — 8. Feigenkaktus *(eṣ-ṣabr)*, erst im 19. Jh. aus Westindien eingeführt. — Auch Zitronen, Orangen, Eukalyptusbäume u. a. sind seit dem 19. Jh. eingeführt und werden vor allem in den Ebenen kultiviert. Die gewöhnlichen Obstsorten Äpfel, Birnen, Pflaumen und Kirschen gedeihen im allgemeinen gut; besonders Äpfel werden — ebenso wie Orangen, Zitronen und Bananen — in Israel auf Plantagen gezogen und exportiert.

*Literatur:* G. Dalman — J. E. Dinsmore, Die Pflanzen Palästinas. ZDPV 34 (1911) 1—38. 147—172. 185—241. — Ph. Wurst, Aus der Pflanzenwelt Palästinas. Leitfaden der Botanik (1930). — E. G. Post, Flora of Syria, Palestine and Sinai. 2 Bde. (1932/33²). — A. C. Western, The Identity of Some Trees Mentioned in the Bible. PEQ 93 (1961) 89—100. — W. E. Shewell-Cooper, Plants and Fruits of the Bible (1962). — M. Zohary, Plant Life in Palestine, Israel and Jordan. Chronica Botanica NS 33 (1962). — I. Gruenberg-Fertig, Phytogeographical-Analytical Study in the Flora of Palestine (hebr.) (1966). — P. Mouterde, Nouvelle Flora du Liban et de la Syrie (1966). — M. Feinbrunn-Dothan, Flora Palaestinae I (1966). — R. H. Harrison, Healing Herbs of the Bible (1966). — Z. Silberstein, Die Pflanze im AT. Studium Generale 20 (1967) 326—342. — A. Goor—M. Nurock, The Fruits of the Holy Land (1968). — G. Bare, Plants and Animals of the Bible. A Translator's Workbook (1969). — L. Untermeyer, Plants of the Bible (1970). — M. Berlinger (ed.), Plants of the Bible in Their Natural Surroundings. Watercolours and Drawings (1969). — R. Aloni—G. Orshan, A Vegetation Map of the Lower Galilee. Israel Journal of Botany 21 (1972) 209—227. — Fauna and Flora of the Bible. Notes for Translators, prepared by the United Bible Societies (1972).

## § 5: Die Fauna Palästinas

In Palästina treffen sich die geläufigen europäischen, besonders mediterranen Tierarten mit paläarktischen, äthiopischen und indisch-mesopotamischen Arten. Der Gesamtbestand ist wie überall von Wirtschaft und Industrie abhängig. Die im Staate Israel durch planmäßige Tierzucht geschaffenen neuen Verhältnisse sind im folgenden Überblick nicht berücksichtigt.

### *1. Wilde Tiere*

In Palästina hat es in früheren Zeiten wilde Tiere gegeben, die heute ausgestorben sind oder sich in südlichere Gegenden zurückgezogen haben. Hierher gehören: Bär (דֹּב; 2. Kön. 2, 23—25); Elefant (prähistorische Funde, ägyptische Texte); Löwe (אֲרִי u. a., vereinzelt bis ins Mittelalter bekannt); Leopard, Panther und Gepard (vereinzelt noch im 19. und beginnenden 20. Jh. auf der Ostseite des Toten Meeres; vgl. Namen wie *Wādi en-Nimr*); Strauß (יַעֲנָה; Dt. 14, 15 u. ö.); Krokodil (prähistorisch, bis ins 19. Jh. Reste im *Nahr ez-Zerqā* südlich des Karmel); Wildochse (*Bos primigenius*; Dt. 33, 17 — traditionell irrtümlich als „Einhorn“ gedeutet). Heutigentags gibt es in Palästina noch zahlreiche wilde Tiere, von denen einige bereits im AT vorkommen: Wolf (זְאֵב, *ed-dīb*), Schakal und Hyäne (אִי, *wāwī* und *ḍab*ᶜ),

Fuchs (שׁוּעָל, *eḥṣēnī*, Liebhaber von Weintrauben; vgl. Ri. 15, 4. Cant. 2, 15 u. ö.), Hund (כֶּלֶב, *kelb*, nicht als Haustier verwendet, aber als Straßenreiniger geduldet), Raubvögel (Geier und Adler, נֶשֶׁר, *raḫam*), Fische (Jordan, See von Tiberias, *Ḥūle*-Becken). Erwähnenswert sind zahllose Arten von Eidechsen (Warane jeder Größe, Chamäleon u. a.), Schlangen (Kobra, *Cerastes, Daboia Xanthina* u. a.), Skorpione und andere Spinnenarten, Bienen, Wespen, Hornissen, Mücken, unglaubliche Mengen von Fliegen, mehr als 50 Arten von Heuschrecken (אַרְבֶּה, חָגָב, גּוֹבַי, *ǧerād* u. a.). Die letzteren kommen von Zeit zu Zeit in gewaltigen Schwärmen aus dem Osten und vertilgen ganze Ernten. Um ihrer Herr zu werden, setzt man heute Flugzeuge mit Giftstoffen ein; im Altertum war ihnen der Mensch wehrlos ausgeliefert (Am. 7, 1 ff. Joel 2). Hauptsächliche Jagdtiere: Gazelle (צְבִי, *ġazāl*), Hase (אַרְנָב, *arnab*), seltener Steinbock (Umgebung des Toten Meeres), Wildschwein (früher im *Zōr* des Jordan), Rebhuhn, Klippschlieferdachs (am Toten Meer; von Luther traditionell, aber irrtümlich, mit „Kaninchen" übersetzt). Hirsche gibt es in Palästina nicht mehr; sie werden gelegentlich noch in Nordsyrien angetroffen. Sehr viele Arten von Hamstern, Ratten und Mäusen kommen vor. Vogelarten: Falken, Sperber, Eulen; an Seen und in Sumpfgebieten Pelikan, Kormoran, Rohrdommel, Wildgans, Wildente, Schwan, Wasserhuhn, Kiebitz, Kranich und Möwe; ferner Rabe, Kuckuck, Lerche, Wildtaube; Zugvögel wie Storch, Drossel, Nachtigall u. a.; am Toten Meer der schöne Tropenvogel *(Cinnyris Osea)* u. a. m.

### *2. Domestizierte Tiere*

1. Esel (masc. חֲמוֹר, fem. אָתוֹן, *ḥmār* u. a.), das hauptsächliche Last- und Reittier des Orients. „Im allgemeinen ist aber der Esel in Palästina schöner und stärker als in Südeuropa, ja auch lebendiger und lustiger. In einer Karawane von Pferden, Maultieren oder Kamelen macht er nicht selten durch seine Späße den Bajazzo; dazu paßt vortrefflich das possierliche Wesen, das die langen Ohren und das fürchterliche Geschrei dem sonst wohlproportionierten Geschöpfe verleihen." (H. Guthe, Palästina, $1927^2$, 79). — 2. Rind (בָּקָר, *baqar*), zumeist als Arbeitstier und zur Milcherzeugung verwendet, seltener als Schlachttier. — 3. Kamel (גָּמָל, *ǧamal*), stammt aus der Wüste, wo es von Kamelnomaden nicht selten in Herden von 500—1000 Stück gezüchtet wird. Der Zeitpunkt der Domestizierung des Kamels im Laufe des 2. Jahrt. v. Chr. ist umstritten. Es handelt sich um das einhöckerige Kamel (Dromedar) von brauner, seltener weißer Farbe, das lange dürsten und noch länger

hungern kann. „Man fühlt sich abgestoßen und einsam unter diesen häßlichen und mürrischen Stiefkindern der Schöpfung" (H. Guthe, a. a. O., 80). Das Kamel dient als Tragtier für schwere Lasten und als Karawanentier für den Transport über weite Strecken. Die Kamelnomaden leben von Kamelmilch, aus der sie Kamelbutter und Kamelkäse bereiten. — 4. Pferd (סוּס, *ḥiṣān*), um 2000 v. Chr. aus den südrussischen Steppen und den iranischen Bergen nach dem Orient gekommen, im Altertum Streitwagentier, heute gelegentlich noch als Reittier, seltener als Zugtier, verwendet. — 5. Kleinvieh (צֹאן, *ġanam*), d. h. weißgelbe Schafe (שֶׂה, *ḫarūf*) und schwarze Ziegen (עֵז, *ᶜanze*). Das Kleinvieh bildet die wirtschaftliche Grundlage der meisten Beduinenstämme am Rande der Kulturländer, wird aber auch von den Ackerbauern gezüchtet. In Palästina herrscht die Rasse der Fettschwanzschafe vor (1. Sam. 9, 24), deren Schwanz mehr als 5 kg schwer sein kann. Die Tiere decken den Fleisch- und Milchbedarf. Darüber hinaus dienen Schafe der Wollerzeugung; die Ziegenhaut braucht man zur Herstellung von Zelttüchern, Schläuchen u. ä. — Die Geflügelhaltung nimmt, sogar bei den Beduinen, in starkem Maße zu: vor allem Hühner und Tauben.

*Literatur:* H. B. Tristram, The Fauna and Flora of Palestine (1885). — F. S. Bodenheimer, Animal and Man in Bible Lands (1960). — P. Arnold—W. Ferguson, Birds of Israel (hebr.) (1962). — W. Pangritz, Das Tier in der Bibel (1963). — H. J. Rostron, Animals, Birds and Plants in the Bible (1964). — R. Pinney, The Animals in the Bible. The Identity and Natural History of All the Animals Mentioned in the Bible (1964). — G. Mountfort, Portrait of a Desert. The Story of an Expedition to Jordan (1965). — B. Brentjes, Die Haustierwerdung im Orient. Neue Brehm-Bücherei 344 (1965). — P. Ducos, L'origine des animaux domestiques en Palestine (1968). — M. L. Ryder, Animal Bones in Archaeology. A Book of Notes and Drawings for Beginners (1969). — T. Weissbrod, The Paleozoic of Israel. Israel Geol. Survey Bull. 47, 148 (1969). — P. Mouterde, La faune du Proche-Orient dans l'antiquité. MUSJ 45, 27 (1969) 443—462. — V. Moller-Christensen—K. E. J. Jorgensen, Biblisches Tierlexikon (1969). — I. Löw, Fauna und Mineralien der Juden, hrsg. v. A. Scheiber (1969). — D. P. Lahtrop, Animals of the Bible. A Picture Book (1969). — G. S. Cansdale, Animals of Bible Lands (1970). — R. E. Chaplin, The Study of Animal Bones from Archaeological Sites. International Series of Monographs on Science in Archaeology 1 (1971). — A. Houghton-Broderick (ed.), Animals in Archaeology (1971). — W. S. Smith, Animals, Birds and Plants of the Bible (1971).

## II. HISTORISCHE GEOGRAPHIE

Gegenstand der historischen Geographie ist einerseits der Einfluß der Landesnatur auf die Bewohner, ihre Lebensweise, ihr kollektives und individuelles Geschick, andererseits die Gestaltung des Landes durch seine Bewohner: ein Doppeltes also, die Wechselwirkung zwischen Land und Menschen. Die historische Geographie ist mithin keine naturwissenschaftliche Disziplin. Sie setzt vielmehr die Vertrautheit mit der physikalischen Geographie voraus und ist ihrer Sache nach eine der historischen Hilfswissenschaften der Geschichte. Dabei geht es nicht um die Darstellung von Geschichte überhaupt, sondern um die Untersuchung der geographischen Komponenten der Geschichte. Natürlich kann niemand Umfang und Kompetenzen der historischen Hilfswissenschaften in jedem Falle sauber gegeneinander abgrenzen. Berührungen und Überschneidungen sind unvermeidlich. Aber das kann ohne Schaden in Kauf genommen werden, wenn nur die Geschichtswissenschaft als ganze gefördert wird. Auf der Basis solcher Vorerwägungen lassen sich Arbeitsfelder und Fragehorizonte der historischen Geographie etwa wie folgt beschreiben:

*1. Siedlungsgeschichte:* Wo, warum und auf welche Weise ist in dem in Rede stehenden Landstrich gesiedelt worden? Wann geschah das? Welche Wirkungen hatte das besiedelte Land auf seine Bewohner, auf ihre gemeinschaftliche und individuelle Lebensweise? Wie haben die Bewohner das von ihnen besiedelte Land verändert und umgestaltet? Warum haben sie es verändert?

*2. Topographie:* Die allgemeine Topographie fragt nach den Gründen, die Menschen zu verschiedenen Zeiten veranlaßt haben, an bestimmten Orten des bezeichneten Gebietes zu siedeln und an anderen nicht. Gibt es Gemeinsamkeiten der Siedlungsplätze oder bestimmte Typen? Sind die Typen, wenn vorhanden, landschaftlich gebunden? Welche Folgen hatte die Wahl bestimmter Siedlungsplätze auf das Leben der Bewohner? Die spezielle Topographie befaßt sich mit der Identifikation aus dem Altertum bekannter Ortschaften und Geländegegebenheiten mit denen der Gegenwart und mit den Konsequenzen, die sich daraus für das Verständnis der literarischen Überlieferung ergeben.

*3. Allgemeine Territorialgeschichte:* Lassen sich territorialgeschichtliche Tatsachen und Verläufe beobachten, die mit geographischen Gegebenheiten in ursächlichem Zusammenhang stehen und die daher mit geographischen Mitteln verständlich gemacht werden hönnen?

Das sind in großen Zügen die Hauptthemen der historischen Geographie. Es versteht sich von selbst, daß sie nicht am Kartentisch bewältigt werden können. Die Kenntnis des Landes und seiner Verhältnisse ist unabdingbare Voraussetzung.

## § 6: Die Methoden zur Erforschung der historischen Geographie Palästinas

Wer Palästina mit Verständnis bereisen und dabei über die bloß touristische oder ästhetische Betrachtung des Landes und seiner Monumente hinausgelangen will, muß sich in den geschichtlichen Horizonten zurechtfinden lernen, die ihm das Land auf engem Raume und in verwirrender Fülle gleichzeitig bietet. Die jahrtausendelange, bewegte geschichtliche Vergangenheit hat in Palästina allenthalben ihre Spuren hinterlassen und zwingt den Betrachter, sich die Horizonte sehr verschiedener kulturgeschichtlicher Epochen gleichzeitig gegenwärtig zu halten und sich in die Lage zu versetzen, rasch von einem zum anderen zu wechseln. Wer das nicht lernt, wird sich binnen kurzem in der Vielfalt der Erscheinungen verwirren. Im kleinen Palästina „stoßen sich die Dinge hart im Raum". Oft unmittelbar neben und in den Erscheinungen der Moderne begegnen die Zeugnisse des islamischen Orients, des christlichen und islamischen Mittelalters, der byzantinisch-christlichen, hellenistisch-römischen und altorientalischen Antike. Es kommt darauf an, diese Horizonte nicht zu verwischen. Man muß in der Lage sein, etwa nur das islamische oder römische oder eisenzeitliche Palästina zu sehen, unter bewußtem Absehen von allem anderen, und man muß sich die Fähigkeit erwerben, zur rechten Zeit und am richtigen Ort vom einen zum anderen Horizont zu wechseln, ohne dabei das Verbindende, das historische Kontinuum, aus den Augen zu verlieren. Dieses Schärfen des Blickes an den Eindrücken ist bereits eine Vorform historischer Sonderung, ein Anfang in der historischen Geographie Palästinas. Voraussetzung dafür ist zunächst eine allgemeine Orientierung über die Kulturperioden, die das Gesicht Palästinas über die Jahrtausende bestimmt haben.

## *1. Die Kulturperioden*

*a) Steinzeit:* Paläolithicum ca. 200 000 — ca. 9000, Mesolithicum ca. 9000 — ca. 6000, Neolithicum ca. 6000 — ca. 4000 v. Chr. Steinwerkzeuge: Messer *(flints)*, Pfeilspitzen, Faustkeile, Äxte u. a. Im Neolithicum beginnt die älteste Keramik, nach Material und Ausführung noch roh. Behausungen: hauptsächlich Höhlen, im Neolithicum erste Siedlungen. Wahrscheinlich gegen Ende des Neolithicums ist die sog. Megalithkultur anzusetzen; ihre Zeugnisse: Menhir (einzeln stehende Felszähne oder Plattensteine), Dolmen (Grabkammern aus Plattensteinen), Cromlech (durch einen Kreis von Klumpensteinen eingegrenzter Platz).

*b) Chalkolithicum:* 4. Jahrt. v. Chr. Anfänge der Stadtkultur (Jericho, *Telēlāt Ġassūl* im südl. Jordangraben, Megiddo, Bethschean). Keramik: grobe, zumeist noch ohne Töpferscheibe hergestellte Ware (typische Formen: Wellenhenkel, Knopföse). Steinwerkzeuge bleiben im Gebrauch.

*c) Frühbronzezeit:* 3. Jahrt. v. Chr., geteilt in die Perioden EB I, II, III (EB = *Early Bronze*; Übergang zur Mittelbronzezeit EB IV oder *intermediate period*). Erste große Blütezeit der Stadtkultur, hauptsächlich in den Ebenen Palästinas. Keramik: noch immer meist grobe Ware, nicht selten rot oder schwarz poliert und bemalt (typische Formen: Wellenhenkel, Knopföse, Knopffuß).

*d) Mittelbronzezeit:* 2000—1600 v. Chr., geteilt in die Perioden MB I, II, III. Keramik: feines Material in ausgezeichneter Schlemmung (oft sog. *pepper and salt*) und zahlreichen eleganten Formen, deren Schönheit nie wieder erreicht worden ist. Der schwer klassifizierbare Formenreichtum der Mittelbronzekeramik ist vorbildhaft für spätere Kulturepochen.

*e) Spätbronzezeit:* 1600—1200 v. Chr., geteilt in die Perioden LB I, II (LB = *Late Bronze*). Keramik: Verfall der Mittelbronzevorbilder hauptsächlich nach der Form, auch nach dem Material; sehr viel bemalte Ware (z. B. die sog. *bilbil*-Gefäße mit schiefem Hals). Import und Imitation kretisch-mykenischer Keramik: *milk-bowls*, *pilgrims' bottles*, Steigbügelkannen mit reichem Dekor.

*f) Erste Eisenzeit:* 1200—900 v. Chr. Keramik: von der Spätbronzekeramik stark abhängige, oft weiter degenerierte Formen aus relativ weichem Material.

*g) Zweite Eisenzeit:* 900—600 v. Chr. Keramik: gewöhnlich festes, hart gebranntes Material, oft mit weißen Quarzteilchen; Ringpolitur (Samaria-Ware); kräftig profilierte Formen mit scharfen Rändern und reicher Bemalung.

*h) Persische Zeit:* 600—300 v. Chr., auch Eisen III genannt. Keramik: Weiterentwicklung der eisenzeitlichen Formen.

*i) Hellenistische Zeit:* 334—331 (Eroberung des Perserreichs durch Alexander d. Gr.) bis Mitte des 1. Jh. v. Chr. In dieser Epoche sind zahlreiche große Städte hellenistischen Typs gegründet worden, deren hellenistische Monumente und Schichten von den späteren römischen freilich zumeist überdeckt sind: Ptolemais (Akko), Philadelphia (Amman), Philoteria (*Ḫirbet Kerak* am Südende des Sees von Tiberias), Seleukeia (*Sēlūqye* im *Ǧōlān*), *ᶜArāq el-Emīr* (westl. von Amman) u. a. Keramik: nach Material und Form von der römischen nicht immer leicht unterscheidbar.

*k) Herodianische Zeit:* 40 v. Chr. (Inthronisation des Herodes als König von Judäa) — 100 n. Chr. (Tod Agrippas II.). Diese Periode ist kulturgeschichtlich nicht selbständig; sie steht an ihrem Anfang gewissermaßen auf der Schnittlinie zwischen der hellenistischen und der römischen Zeit und reicht weit in die letztere hinein. Sie muß für Palästina jedoch besonders herausgehoben werden, und zwar vor allem wegen der enormen Bautätigkeit des Herodes und der Herodianer. Stadtanlagen: Samaria — Sebaste *(Sebaṣṭye)*, Caesarea am Meer *(Qēṣārye)*, Jerusalem (bes. Zitadelle, Tempel, Burg Antonia) u. a. Burgen: Herodeion *(Ǧebel Ferdēs)*, Hyrkania *(Ḫirbet Mird)*, Kypros *(ᶜAqbe Ǧabr)*, Alexandreion *(Qarn Ṣarṭabe)*, Machaerus *(el-Mešneqe* bei *Ḫirbet el-Mukāwer)*, Masada *(es-Sebbe)*.

*l) Römische Zeit:* Mitte des 1. Jh. v. Chr. (Pompeius) — 325 n. Chr. (Konstantin d. Gr.) Stadtanlagen: Philadelphia (Amman), Gerasa *(Ǧeraš)*, Städte im *Ḫaurān* — die Dekapolis als politischer Städteverband; *Colonia Aelia Capitolina* (Jerusalem), *Colonia Flavia Neapolis (Nāblus)* u. a. Dazu gehören Aquädukte, Kastelle *(limes Palaestinae, limes Arabiae)*. Straßensystem: Straßenkörper, Straßenränder, Pflasterung, Einrichtung von Straßenstationen *(mansiones, mutationes)*, Meilensteine (auch in Gruppen). Synagogen des älteren Typs: z. B. Kapernaum (*Tell Ḥūm*, 2.—3. Jh. n. Chr. oder etwas später). Keramik: harte gebrannte Ware in vielfältigen Formen wie überall im *Imperium Romanum, terra sigillata* (in Palästina auffallend selten, dafür in Syrien häufig), Glas.

*m) Byzantinische Zeit:* 325 n. Chr. — 634/40 (Kalif *ᶜOmar Ibn el-Ḫaṭṭāb*), die Epoche der altchristlichen Kirche Palästinas. Kirchenbauten im Basilikalstil: Jerusalem (bes. Grabeskirche), Bethlehem (bes. Geburtskirche), Mamre, Gerasa, Madeba, Nebo, Garizim u. v. a. m. Sehr schöne Mosaikarbeiten. Synagogen des jüngeren Typs. Keramik: Tonware römischen Typs, in Material und Form etwas degeneriert; Glas.

*n) Früharabische Zeit:* 634/40 — Mitte des 11. Jh. Dynastien der Omayyaden (Damaskus), Abassiden (Baghdad), Fatimiden (Kairo). Jerusalem: Felsendom *(Qubbet eṣ-Ṣaḫra).* Schlösser: *Qaṣr el-Mšattā, Ḫirbet el-Mefǧir* u. a. Keramik: feine Glasuren (bes. grün), Glas.

*o) Kreuzfahrerzeit:* 1099—1291. Kirchen: Samaria, Jerusalem (Grabeskirche, St. Annenkirche), *el-Qerye* (westl. von Jerusalem) u. a. Befestigungsanlagen und Burgen: Akko, Caesarea am Meer, *ᶜAṯlīṯ, Qalᶜat el-Qurēn (Chateau Montfort), Kōkab el-Hawa (Belvoir), Qāqūn (Caco)*; als arabische Gegengründung *Qalᶜat er-Rabad* (Ostjordanland). Keine eigene Keramik.

*p) Mamlukenzeit:* Mitte des 13. Jh. — 1516/17 (Selim I.). Hauptstädte der Mamlukensultane: Kairo, Damaskus. Starke Besiedlung des Westjordanlandes. Weiße Moschee von *Ramle*; zahlreiche Brücken (*Ǧisr Benāt Yaᶜqūb* am Südrand des *Ḥūle*-Beckens, *Ǧisr ed-Dāmye*). Keramik: nach Material und Form grobe Ware mit auffallender, plumper Bemalung.

*q) Osmanische Zeit:* 1516/17 — 1917/18. Moscheen, Heiligengräber *(Welī)*, Stadtanlagen mit Umfassungsmauern (türkische Mauer der Altstadt von Jerusalem), Kirchen.

Soweit ein erster, die Dinge vereinfachender Überblick über die Kulturepochen, mit denen in Palästina zu rechnen ist. Der überwiegende Teil der materiellen Reste des vorrömischen Altertums befindet sich heute, wenn keine Ausgrabungen stattgefunden haben, unter der Oberfläche. Um so wichtiger ist das Studium der Keramik, die überall zutage liegt und deren Kenntnis mehr und mehr verfeinert wird. Die Entwicklung des keramischen Materials und der Formen kann dem Anfänger an Hand der Öllampen besonders deutlich demonstriert werden.

*Literatur:* Ch. A. Kennedy, The Development of the Lamp in Palestine. Berytus 14 (1963) 67 ff. — R. Smith, The Household Lamps of Palestine in Old Testament Times. BA 27 (1964) 1—31; desgl. in Intertestamental Times. BA 27 (1964) 101—124; desgl. in New Testament Times. BA 29 (1966) 2—27. — Weitere Literatur zur Keramik nach Teil 4. Oberflächenforschung.

## 2. *Die literarische Überlieferung*

Selbstverständlich gehört zu den Voraussetzungen und Methoden der historischen Geographie das Studium der vielfältigen literarischen Überlieferungen, die sich auf Palästina beziehen. Es kann von Siedlungsgeschichte, allgemeiner und spezieller Topographie nicht die Rede sein, wenn die literarische Überlieferung nicht in ihrer ganzen Breite berücksichtigt wird. Das hat seinen Grund darin, daß die historische Geographie eine historische Disziplin ist — und für die Geschichtswissenschaft bilden literarische Überlieferungen trotz des gewaltigen Aufschwunges der Archäologie nach wie vor die Hauptquellen. Eine Beschränkung auf das AT kann dabei nicht in Betracht kommen. Die auf Palästina bezüglichen Nachrichten der ägyptischen und babylonisch-assyrischen Literatur müssen ebenso beachtet und ausgewertet werden wie die biblischen und außerbiblischen Texte in phönikischer, hebräischer und aramäischer Sprache, die griechische und lateinische Literatur der hellenistischen, römischen und byzantinischen Epochen, das jüdische Schrifttum und die arabischen Quellen. Das gilt allgemein und im besonderen: So wird es z. B. jedermann ohne weiteres einleuchten, daß die Erforschung der israelitischen Besiedlung Palästinas nicht ohne ständige Berücksichtigung des Pentateuch und des Josuabuches möglich ist. Ebensowenig kann man frühchristliche Topographie ohne die altchristlichen Schriftsteller und ohne die Pilgerliteratur betreiben. Das alles versteht sich von selbst. Es muß dennoch gesagt werden, und zwar vor allem wegen der in Mode gekommenen Überschätzung der Archäologie und ihrer Aussagemöglichkeiten. Als Grundsatz hat zu gelten: Die literarische Überlieferung stellt der historischen Geographie die Fragen und gibt nicht selten auch den ersten Anstoß zu ihrer Beantwortung.

Übersichten und Literatur bei M. Noth, Die Welt des AT ($1962^4$) und K.-H. Bernhardt, Die Umwelt des AT. I. Die Quellen und ihre Erforschung (1967).

## 3. *Ausgrabungen*

Ausgrabungen sind nicht das einzige, aber das Hauptinstrument der archäologischen Wissenschaft. Der Begriff der Archäologie hat sich im Laufe der Zeiten gewandelt: Er bezeichnete ursprünglich den Gesamtkomplex der Altertumswissenschaften, überhaupt jede Beschäftigung mit dem Altertum (Josephus: Ἀρχαιολογία), im 19. Jh. zumeist die aus den literarischen Quellen gewonnene Realienkunde, heute die Wissenschaft von den materiellen Überresten vergangener Kulturepochen. Wo solche Überreste zutage liegen, kann die ordnende, klassifizierende und deutende Arbeit des Archäologen sofort beginnen; wo nicht, muß der Spaten des Ausgräbers angesetzt werden.

Die palästinische Archäologie ist — wie die Biblische Landes- und Altertumskunde überhaupt — aus dem Interesse an der Bibel erwachsen. Man könnte die alten Pilger als die ersten Archäologen bezeichnen: Sie kamen zu den von der Überlieferung bezeichneten Heiligen Stätten und suchten mit unterschiedlichem Erfolg das, was sie sahen, mit der literarischen Tradition zu verbinden und durch sie zu deuten. Aber das war nicht mehr als eine Vorstufe, noch ohne wissenschaftliche Methodik. Die wissenschaftliche Archäologie begann in Palästina nicht vor der Mitte des 19. Jh.; sie mußte ihre Methoden erst finden und hat ziemlich lange dazu gebraucht. Die ersten palästinischen Grabungen konzentrierten sich auf Jerusalem. Sie waren methodisch noch unvollkommen und bestanden hauptsächlich im Suchen nach Funden, die man nach Maßgabe der literarischen Überlieferung am Ort zu finden hoffte — und dann doch zumeist nicht fand. Marksteine auf dem Wege zur modernen archäologischen Grabungsmethode waren die großen Ausgrabungen von Sir Flinders Petrie auf *Tell el-Ḥesī* ca. 25 km östlich von Gaza (1890) und die Arbeiten vor allem W. F. Albrights auf *Tell Bēt Mirsim* ca. 20 km südwestlich von Hebron (1926—1932). Daß man beide Ruinenstätten lange Zeit irrtümlich für das biblische Lachisch gehalten hat, kann in diesem Zusammenhang außer Betracht bleiben.

Inzwischen ist Grundsätzliches zur Aufgabe und den Möglichkeiten archäologischer Ausgrabungen klargeworden. Eine Grabung kann und darf nicht unter der Zielforderung stehen, „Funde" zu machen. Funde fallen an, sie bilden keineswegs das Hauptresultat archäologischer Ausgrabungen. Eine Grabung kann sinnvoll und erfolgreich sein, auch wenn keinerlei spektakuläre Funde zutage treten, auch wenn man nicht fand, was man zu finden hoffte. Eine Ausgrabung wird erst recht nicht zu dem Zweck unternommen, die Angaben der Bibel zu „bestätigen", d. h. darzutun, daß die Bibel eben doch recht habe. Denn die Bibel bedarf keiner „Bestätigung"; sie ist selbst — kritisch betrachtet — Quelle und Erkenntnismittel der Geschichtswissenschaft wie die archäologische Arbeit. Zwischen beiden besteht im günstigsten Falle ein Ergänzungs-, aber kein Bestätigungsverhältnis. Ziel einer Ausgrabung ist — oder sollte doch sein — die selbständige, unvoreingenommene, sachbezogene Klärung der Siedlungs- und Kulturgeschichte des Grabungsortes, nicht mehr und nicht weniger, natürlich mit ständigem Blick auf die aus der literarischen Überlieferung bekannte Geschichte des Ortes und des Landstrichs.

*Literatur zum Problem Bibel und Archäologie (in Auswahl):* D. G. Hogarth (ed.), Authority and Archaeology, Sacred and Profane. Essays on the Relation of Monuments to Biblical and Classical Literature, by S. R. Driver a. o. (1899, Nachdruck 1971). — M. Noth, Grundsätzliches zur geschichtlichen Deutung archäologischer Befunde auf dem Boden Palästinas (1938). ABLAK 1, 3—16.

— J. P. Free, Archaeology and Bible History (1952). — M. Noth, Jabes — Gilead. Ein Beitrag zur Methode alttestamentlicher Topographie (1953). ABLAK 1, 476—488. — Ders., Hat die Bibel doch recht? (1957). ABLAK 1, 17—33 als Antwort auf W. Keller, Und die Bibel hat doch recht. Forscher beweisen die historische Wahrheit (1955; rororo-Taschenbuch 1964). — Ders., Der Beitrag der Archäologie zur Geschichte Israels (1960). ABLAK 1, 34—51. — J. A. Thompson, The Bible and Archaeology (1962). — W. F. Albright, Archaeology, Historical Analogy and Early Biblical Tradition. Rockwell Lecture Series (1966). — G. L. Kelm, The Role of Archaeology in Old Testament Interpretation as Reflected in American Scholarly Periodical Literature, 1940—50 (Diss. New York University 1968). — A. u. R. Sauer, The Meaning of Archaeology for the Exegetical Task. Concordia Theological Monthly, St. Louis 41 (1970) 519—541. — H. Th. Frank, Bible, Archaeology and Faith (1971). — H. M. Orlinsky, Understanding the Bible Through History and Archaeology (1972). — H. H. Schmid, Die Steine und das Wort. Fug und Unfug biblischer Archäologie (1973). — E. Yamauchi, The Stones and the Scriptures (1973). — J. E. Huesman, Archaeology and Early Israel: The Scene Today. The Catholic Biblical Quarterly 37 (1975) 1—16.

Auch über die Methodik archäologischer Ausgrabungen in Palästina herrscht heute Einvernehmen. Es ist nicht die Methodik der Klassischen Archäologie. Denn die Klassische Archäologie hat es in der Regel mit materiellen Überresten monumentalen Charakters zu tun, d. h. mit Steinarchitektur und steinernen oder jedenfalls festen Denkmälern unterschiedlicher Art, die entweder zutage liegen und aufgeräumt werden müssen, oder die unter der Oberfläche liegen und dann freizulegen sind. In beiden Fällen besteht die Hauptaufgabe in der sinnvollen Zuordnung verstreuter Teile, der Ergänzung des Fragmentarischen und der Gesamtdeutung des Befundes. Dergleichen gibt es in Palästina und Syrien natürlich auch, z. B. bei der Ausgrabung hellenistisch-römischer Stadtanlagen. Normalerweise aber hat es die palästinische Archäologie nicht in erster Linie mit Steinmonumenten, sondern mit Siedlungsschichten zu tun, ebenso wie die vorgeschichtliche Archäologie. Daraus ergibt sich die sog. stratigraphische Methode: die Aufdeckung, Klärung, Beschreibung und Datierung der Schichten, mit denen der klassische Archäologe zwar auch, aber weit seltener zu rechnen hat.

Dieser Umstand hat seinen Grund in der Lehmziegelbauweise des Orients. Man errichtet gewöhnlich nur ein Steinfundament, auf dem sich Mauern aus luftgetrockneten oder gebrannten Lehmziegeln erheben (das sog. „Aufgehende"). Das Steinfundament verhindert, daß die Bodenfeuchtigkeit während der Regenzeit ins Aufgehende zieht und es zum Einsturz bringt. Zum Schutze des Gemeinwesens läuft vielfach eine Mauer der gleichen Konstruktion, nur erheblich stärker, um die Siedlung. Nun sind Lehmziegel kein sonderlich dauerhaftes Baumaterial. Die Mauern stürzen eines Tages zusammen oder werden gewaltsam eingerissen. Der Schaden ist freilich relativ gering; denn fast ebenso schnell wie sie fallen, können sie wieder aufgebaut werden. Dazu braucht man nicht einmal den Schutt wegzuräumen. Es genügt, ihn zu planieren und unter Wiederverwendung der alten oder Errichtung neuer Fundamente neue Mauern hochzuziehen. Ebenso wird die Stadtmauer behandelt. Auf diese Weise wachsen Siedlung und Umfassungsmauer im Laufe der Zeit immer höher, und innerhalb des Ringes lagern sich die Siedlungsschichten ab, gewissermaßen als Kultursedimente. Wird die Ortschaft aufgegeben, dann hat dieser Prozeß ein Ende; es beginnt die Erosionstätigkeit des Wassers und des Windes, Schutt stürzt seitlich über die Umfassungsmauer ab und bildet eine Böschung, das Ganze wird glattgewaschen und gefegt. Es entsteht die typische Form eines Ruinenhügels, arab. *tell* (plur. *atlāl* oder *tilāl*, deminutiv *tulēl*), wie man sie im Vorderen Orient unübersehbar oft antrifft. Ein Ruinenhügel, an dessen Oberfläche viele und große Steintrümmer liegen (nicht selten aus römischer und byzantinischer Zeit, aber auch Natursteine), heißt *ḫirbe* (plur. *ḫurāb*, deminutiv *ḫrēbe*). Diese Bezeichnungen begegnen bereits im alttestamentlichen Hebräisch: תֵּל Jos. 11, 13; 8, 28; Dt. 13, 17 u. ö.; חָרְבָּה (oft plur. חֳרָבוֹת) Jes. 5, 17; 52, 9; Mal. 1, 4 u. ö. Sie werden im modernen arabischen und hebräischen Sprachgebrauch nicht immer konsequent auseinandergehalten.

Der Unkundige unterschätzt die Schwierigkeiten bei der Ausgrabung eines *tell* oder einer *ḫirbe*. Ihm scheint, die Arbeitsschritte ergäben sich von selbst: Abtragung, Aufnahme und Beschreibung der Schichten, Datierung, Registrierung der Funde (bes. der Kleinfunde und der Keramik), Deutung und schließlich — hoffentlich! — Publikation. Dabei ist zu vermuten, die Feststellung der Schichten könne an jedem beliebigen Ort der Grabung auf Grund ihrer Dicke und der Meterzahl über Normalnull vorgenommen werden. In Wirklichkeit sind die Dinge weitaus komplizierter und die Schichten keineswegs auf den ersten Blick erkennbar und zu bestimmen. Denn wenn auf eine Schicht A überall in gleicher Höhe und bei gleicher Dicke die Schicht B folgen soll, müßten folgende Voraussetzungen erfüllt sein:

1. Alle Gebäude der Ortschaft müßten gleiche Fundamenthöhe, gleiche Fundamentmasse und gleiche Lehmziegelmasse im Aufgehenden haben.

2. Alle Gebäude der Ortschaft müßten — wenigstens ungefähr — zur gleichen Zeit einstürzen.

3. Zwischen allen Gebäuden der Ortschaft müßte der gleiche Abstand herrschen, damit zwischen den Schuttmassen keine unregelmäßigen Hohlräume (Senkungen) entstehen können.

4. Die Witterungsverhältnisse (Erosion usw.) dürften vor Beginn der Schicht B keine Unordnung anrichten, ganz zu schweigen von den Unordnungen, die von Menschen verursacht werden.

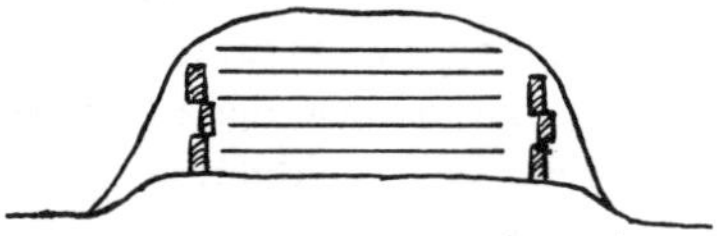

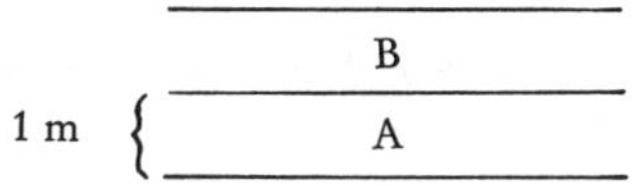


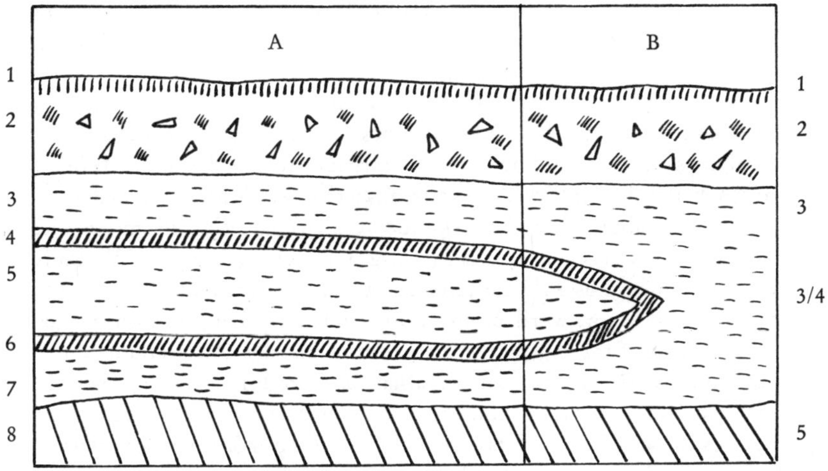


Schematisches Profil mit scheinbarer (A) und echter (B) Schichtenfolge.

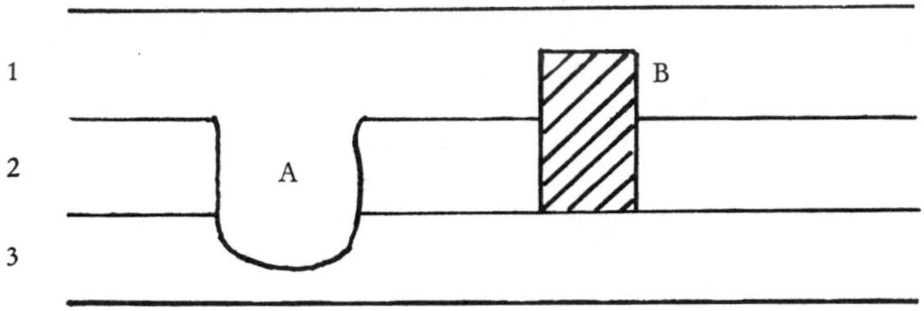


Schematisches Profil mit Grube (A) und Mauer (B).

Daß diese Voraussetzungen niemals und an keiner Stelle vorliegen, bedarf keines Beweises. Also sind die stratigraphischen Verhältnisse verwickelter; die Schichtenfolge ist nicht gleichmäßig. Die Schichten überschieben sich, Steinsetzungen reichen durch mehrere Schichten hindurch, ebenso Gruben und Schächte oder Türme, es gibt kulturarme dünne und kulturreiche dicke Schichten u. a. m. Die *Strata* sind so gut wie immer gestört und der Idealfall so gut wie nie anzutreffen.

Man erkennt, fixiert und datiert die Schichten nach ihrer Farbe, Zusammensetzung, nach ihrer Lage und vor allem nach der Keramik, deren sorgfältige Behandlung und Bestimmung die Hauptsache ist. Um die Schichten erkennbar und darstellbar zu machen, bedarf es der Herausarbeitung von Schichtprofilen mit genauen Bezeichnungen (sog. „Zettelwald"). Zur Herstellung der Profile sind verschiedene, je nach den örtlichen Gegebenheiten variable Techniken entwickelt worden: Sondageschächte (gegebenenfalls bis auf den „jungfräulichen" Boden), Suchgräben, Schnitte *(trenchs)*, quadratische oder rechteckige Feldgrabung mit sog. „Katzenstegen" u. a. m. Unerläßlich ist die exakte photographische, zeichnerische und beschreibende Dokumentation des Grabungsverlaufes und der Grabungsergebnisse, aus der nach Abschluß der Arbeiten hoffentlich der Grabungsbericht erwächst. Eine archäologische Ausgrabung ist einer Urkunde vergleichbar, die nur ein einziges Mal gelesen werden kann: vom Ausgräber selbst. Denn im Verlaufe einer Grabung müssen die erreichten oberen Schichten und Monumente zumeist abgeräumt werden, um in die Tiefe zu gelangen; auch pflegen palästinische Grabungsplätze nach Abschluß der Ausgrabung durch äußere Einwirkung rasch zu verfallen. Weitere Einzelheiten zur Technik und Dokumentation können und sollen hier nicht dargestellt werden. Es ist ohnedies klar, daß man beides nicht am Schreibtisch erlernen kann. Die Teilnahme an Grabungen, das Studium der *Strata* und der Funde am Ort sind unerläßlich notwendig.

*Handbücher und Lexika:* Ch.-F. Jean, Le milieu biblique avant Jésus-Christ. 3 Bde. (1922—36). — I. Benzinger, Hebräische Archäologie (1927³). — G. Conteneau, Manuel d'archéologie orientale. 3 Bde. (1927—31). — C. Watzinger, Denkmäler Palästinas. 2 Bde. (1933/35). — K. Galling, Biblisches Reallexikon. HAT I, 1 (1937). — A.-G. Barrois, Manuel d'archéologie biblique. 2 Bde. (1939/53). — F. Nötscher, Biblische Altertumskunde (1940). — W. Corswant, Dictionnaire d'archéologie biblique (1956). — C. F. Pfeiffer (ed.), The Biblical World: A Dictionary of Biblical Archaeology (1966/67). — E. Zehren, Zur Geschichte der Archäologie (1968²). — G. Cornfeld—G. J. Botterweck, Die Bibel und ihre Welt. Eine Enzyklopädie zur Hl. Schrift, Bilder, Daten, Fakten. 2 Bde. (1969 = Pictorial Biblical Encyclopedia 1964). — L. Cottrell (ed.), The Concise Encyclopedia of Archaeology (1970²). — A. Negev (ed.), Dictionnaire archéologique de la Bible (1970; deutsch 1972, engl. 1973). — P. Fischer, Mosaic: History and Technique (1971).

*Gesamt- und Teildarstellungen:* G. Duncan, Digging up Biblical History. 2 Bde. (1931). — P. Thomsen, Palästina und seine Kultur in fünf Jahrtausenden. AO 30 (1932³). — J. Simons, Opgravingen in Palästina (1935). — S. L. Caiger, Bible and Spade (1936). — C. Kopp, Grabungen und Forschungen im Hl. Land 1867—1938 (1939). — W. F. Albright, From the Stone Age to Christianity (1946²; deutsch 1949). — C. F. A. Schaeffer, Stratigraphie comparée et chronologie de l'Asie occidental (1948). — W. F. Albright, The Archaeology of Palestine (1951; deutsch 1962). — A. Parrot, Entdeckung begrabener Welten. Bibel und Archäologie (1954). — A. Jirku, Die Ausgrabungen in Palästina (1956, 1970²). — W. F. Albright, Die Religion Israels im Lichte der archäologischen Ausgrabungen (1956). — Ders., Die Bibel im Lichte der Altertumsforschung (1957). — J. B. Pritchard, Archaeology and the Old Testament (1958; deutsch 1961). — J. A. Thompson, Archaeology and the Pre-Christian Centuries (1958). — G. E. Wright, Biblische Archäologie (1958). — M. Avi-Yonah—A. Malamat—B. Mazar—S. Talmon, Views of the Biblical World I—V (1959—61). — K. Kenyon, Archaeology in the Holy Land (1960, 1965²; deutsch 1967). — D. N. Freedman—G. E. Wright, The Biblical Archaeologist Reader (1961). — K. Kenyon, Beginning in Archaeology (1961², Paperback 1964). — J. A. Thompson, The Bible and Archaeology (1973²). — G. L. Harding, Auf biblischem Boden. Die Altertümer in Jordanien (1962). — P. Courbin, Études archéologiques (1963). — R. K. Harrison, Archaeology of the Old Testament (1963; Teach Yourself Books 1966/67²). — H. J. Franken—C. A. Franken-Battershill, A Primer of Old Testament Archaeology (1963). — B. Mazar (ed.), Encyclopedia of Archaeological Excavations in the Holy Land (1964). — A. Eisenberg—D. P. Elkins, Worlds Lost and Found. Discoveries in Biblical Archaeology (1964). — R. Ehrich, Chronologies in Old World Archaeology (1965). — W. G. Williams, Archaeology in Biblical Research (1965). — J. Kelso, Archaeology and Our Old Testament Contemporaries (1966). — S. H. Horn, Entdeckungen zwischen Nil und Euphrat. Erfolgreiche Ausgrabungen bestätigen die Bibel (1966²). — D. Winton Thomas, Archaeology and the Old Testament Study (1967). — J. B. Pritchard, Archaeological Discoveries in the Holy Land (1967). — Ders., Archaeology and the Old Testament. Princeton Paperbacks 137 (1968; deutsch 1971). — M. Pallottino, The Meaning of Archaeology (1968). — S. Moscati, Avventure archeologiche. Nuove esplorazioni e scoperte nel mondo mediterraneo. Uomini e tempi 9 (1968). — D. L. Clarke, Analytical Archaeology (1968). — M. T. Gilbertson, Uncovering Bible Times. A Study in Biblical Archaeology (1969). — G. Charles-Picard (ed.), L'archéologie, découverte des civilisations disparues (1969). — D. N. Freedman—J. C. Greenfield (ed.), New Directions in Biblical Archaeology (1969, 1971²). — P. W. Lapp, Biblical Archaeology and History (1969). — P. R. S. Moorey, Archaeology, Artefacts and the Bible (1969). — D. Brothwell—E. Higgs (ed.), Science in Archaeology (1969²). — H. Bardtke, Bibel, Spaten und Geschichte (1969, 1971²). — S. H. Horn, Der Spaten bestätigt die Bibel (1970). — J. Finegan, The Archaeology of the New Testament. The Life of Jesus and the Beginning of the Early Church

(1970). — E. M. Blaiklock, The Archaeology of the New Testament (1970). — H. E. Stumpf, Le grandi scoperte archeologiche nel mondo della Bibbia (1970). — E. F. Campbell—D. N. Freedman, The Biblical Archaeologist Reader. Anchor Books (1970). — B. Mazar (ed.), Encyclopedia of Archaeological Excavations in the Holy Land (hebr.) (1970). — J. M. Landay, Silent Cities, Sacred Stones. Archaeological Discovery in the Bible (1971). — A. Moortgat, Einführung in die vorderasiatische Archäologie (1971). — R. Harker, Digging up Bible Lands. The Bodley Head Archaeologies (1972). — H. T. Frank, An Archaeological Companion to the Bible (1972). — H. Knell, Archäologie (1972). — L. A. Brennan, Beginner's Guide to Archaeology. The Modern Digger's Step-by-Step Introduction to the Expert Way of Unearthing the Past (1973). — Sh. M. Paul—W. G. Dever, Biblical Archaeology (1973). — J. M. Landay, Archeologie in het land van de Bijbel (1973). — L. C. Berrett, Discovering the World of the Bible (1973). — Archeologia Palestyny (poln.), ed. L. Stefaniak (1973).

*Zur Technik und Auswertung archäologischer Grabungen:* Sir M. Wheeler, Moderne Archäologie. RDE 111/12 (1960; engl. Original 1952). — H. Hodges, Artefacts. An Introduction to Early Materials and Technology (1964). — S. F. Cook—R. F. Heizer, Studies on the Chemical Analysis of Archaeological Sites. University of California, Publications in Anthropology 2 (1965). — M. Levey (ed.), Archaeological Chemistry (1967). — L. Frédéric, Manuel pratique d'archéologie (1967). — J. Driehaus, Archäologische Radiographie. Archäo-Physika 4 (1968). — W. F. Libby, Altersbestimmung mit der $C^{14}$-Methode. Hochschultaschenbücher 403/403a (1969). — J. Alexander, The Directing of Archaeological Excavations (1970). — I. U. Olsson (ed.), Radiocarbon Variations and Absolute Chronology. Nobel Symposium 12 (1970). — H. Hodges, Technology in the Ancient World (1970). — H. N. Michael—E. K. Ralph (ed.), Dating Techniques for the Archaeologist (1971). — A. C. C. Brodribb, Drawing Archaeological Finds (1971). — E. A. Dowman, Conservation in Field Archaeology (1971). — M. S. Tite, Methods of Physical Examination in Archaeology: Studies in Archaeological Science (1972). — V. M. Conlon, Camera Techniques in Archaeology (1973). — W. G. Dever, Two Approaches to Archaeological Method: The Architectural and the Stratigraphic. Eretz-Israel 12 (1973) 1—8.

## Anhang: Ausgrabungsstätten in Palästina

*Vorbemerkung:* Grabungsorte und bibliographische Angaben können hier nur in Auswahl dargeboten werden. Vollständigkeit wäre weder sinnvoll noch überhaupt möglich. Die Grabungsorte sind mit ihren arabischen Namen bezeichnet; wo nötig, ist eine allgemeine Orientierungshilfe beigegeben.

*ᶜAsqalān* (Askalon): J. Garstang u. W. J. Pythian-Adams, The Fund's Excavation of Askalon. PEF Qu.St. 1921, S. 12—16. 73—75. 76—90. 162 bis 169. — W. J. Pythian-Adams, Report on the Stratification of Askalon.

PEF Qu.St. 1923, S. 60—84. — Weitere Literatur ZDPV 90 (1974) 203 f., Anm. 85.

$^{c}$*Aṯlīṯ (Castellum Peregrinorum),* Küste südl. des Karmel: C. N. Johns, Excavations at Pilgrims' Castle, $^{c}$Atlīt, 1933. QDAP 6 (1938) 121—152.

*Bāb eḏ-Ḏrā*$^{c}$, Ostrand der Halbinsel *el-Līsān:* S. Saller, Bab edh-Dhra$^{c}$. Franc LA 15 (1964 f.) 137—219. — P. W. Lapp, Bâb edh-Dhrâ$^{c}$, Perizzites and Emim. Jerusalem Through the Ages (1968) 1—25. — P. W. Lapp, Bâb edh-Dhrâ$^{c}$ Tomb a 76 and Early Bronze I in Palestine. BASOR 189 (1968) 12—41.

*Bētīn* (Bethel): W. F. Albright, BASOR 55 (1934) 23—25; 56 (1934) 2—15; 57 (1935) 27—30. — J. Kelso, BASOR 137 (1955) 5—10; 151 (1958) 3—8; 164 (1961) 5—19. — J. L. Kelso (ed.), The Excavation of Bethel (1934 bis 1960). AASOR 39 (1968).

*Buṣēra,* südl. Ostjordanland: C. M. Bennett, Excavations at Buseirah, Southern Jordan, 1971. A Preliminary Report. Levant 5 (1973) 1—11.

*Ḏībān* (Dibon), Ostjordanland: W. L. Reed, The Excavations at Dibon (Dhībān) in Moab I/II. AASOR 36/7 (1964). — A. D. Tushingham, The Excavations at Dibon (Dhībân) in Moab. The 3$^{rd}$ Campaign 1952—53. AASOR 40 (1972).

$^{c}$*Ēn el-Ġarba,* Ebene von Megiddo: J. Kaplan, $^{c}$Ein el Jarba. Chalcolithic Remains in the Plain of Esdraelon. BASOR 194 (1969) 2—39.

$^{c}$*Ēn Ġidī* (Engedi), Westufer des Toten Meeres: B. Mazar—T. Dothan—I. Dunayevsky, En Gedi. Archaeological Excavations 1961—62. Atiqot, English Series 5 (1966). — B. Mazar—I. Dunayevsky, IEJ 14 (1964) 121—130; 17 (1967) 133—143. — Weitere Literatur ZDPV 90 (1974) 206 f., Anm. 96.

*Esdūd* (Asdod): M. Dothan (ed.), Ashdod I—III. Atiqot, English Series 7—10 (1967—1971). — Weitere Literatur ZDPV 90 (1974) 203, Anm. 84.

*Ġebel er-Rumēde* bei *el-Ḫalīl* (Hebron): Ph. C. Hammond, RB 72 (1965) 267—270; 73 (1966) 566—569; 75 (1968) 253—258. — Ph. C. Hammond, Ancient Hebron, the City of David. Natural History 75, 5 (1966) 42—49.

*Ġeraš* (Gerasa), Ostjordanland: C. H. Kraeling, Gerasa, City of the Decapolis (1938).

*el-Ġīb* (Gibeon), ephraimit. Gebirge: zusammenfassend mit Lit. J. B. Pritchard, Gibeon. Where the Sun Stood Still. Archaeological Discoveries in the Holy Land (1967).

*Ḥesbān* (Hesbon), Ostjordanland: R. S. Boraas—S. Horn u. a., Heshbon Expedition. Andrews University Seminary Studies 7, 2 (1969) 97—239; Heshbon 1971, ebenda 11, 1 (1973). — J. B. Sauer, Heshbon Pottery 1971. Preliminary Report (1973).

*Ḫirbet* $^{c}$*Arā*$^{c}$*ir* (Aroer), nördl. des Arnon: S. Olavarri, Fouilles à $^{c}$Arô$^{c}$er sur l'Arnon. RB 76 (1969) 230—259.

*Ḫirbet el-Muqanna*$^{c}$ (Ekron), östl. von Asdod: J. Naveh, Khirbat al Muqanna—Ekron. An Archaeological Survey. IEJ 8 (1958) 87—100. 165 bis 170. — B. Mazar, The Cities of the Territory of Dan. IEJ 10 (1960) 65—77.

*Ḫirbet Qumrān,* Nordwestufer des Toten Meeres: zusammenfassend mit Lit. R. de Vaux, Archaeology and the Dead Sea Scrolls. The Schweich Lectures of the British Academy 1959 (1973).

*Ḫirbet er-Rabūḍ* (Debir): M. Kochavi, Khirbet Rabûd = Debir. Tel Aviv 1, 1 (1974) 2—33.

*Ḫirbet Sēlūn* (Silo), ephraimit. Gebirge: H. Kjaer, The Excavation of Shiloh 1929. JPOS 10 (1930) 87—174. — M. L. Buhl—S. Holm-Nielsen, Shiloh. The Danish Excavations at Tall Sailūn, Palestine, in 1926, 1929, 1932 and 1963. Publications of the National Museum, archaeol.-hist. Series I, 12 (1969).

*Ḫirbet eṭ-Ṭubēqa* (Bethsur), nördl. von Hebron: O. R. Sellers, The Citadel of Beth-Zur (1933). — O. R. Sellers—R.W. Funk—J. L. McKenzie—P. u. N. Lapp, The 1957 Excavation at Beth-Zur. AASOR 38 (1968).

*Jerusalem:* H. Guthe, Ausgrabungen bei Jerusalem. ZDPV 5 (1882) 7—204. 271—378. — F. J. Bliss—A. C. Dickie, Excavations at Jerusalem 1894—97 (1898). — H. Vincent, Jérusalem sous terre (1911). — Ders., Jérusalem antique (1912). — R. Weill, La cité de David I/II (1920/47). — R. A. S. Macalister—J. G. Duncan, Excavations on the Hill of Ophel, Jerusalem 1923—25 (1926). — J. W. Crowfoot—G.M. Fitzgerald, Excavations in the Tyropoeon Valley, Jerusalem 1927 (1929). — H. Vincent—M. A. Steve, Jérusalem de l'AT (1954—56). — K. M. Kenyon, Jerusalem. Die hl. Stadt von David bis zu den Kreuzzügen. Ausgrabungen 1961—1967 (1968). — B. Mazar—M. Avi-Yonah, The Excavations in the Old City of Jerusalem. Preliminary Report of the 1st Season, 1968 (Separatdruck aus Eretz-Israel, 1968). — B. Mazar—M. Ben-Dov, The Excavations in the Old City of Jerusalem Near the Temple Mount. Preliminary Report of the 2nd and 3rd Seasons (1971). — N. Avigad, Excavations in the Jewish Quarter of the Old City of Jerusalem, 1969/70. IEJ 20 (1970) 1—8; 1971 IEJ 22 (1972) 193—206. — Jerusalem Revealed. Archaeology in the Holy City 1968—1974 (1975). — Ausführliche Literaturzusammenstellung ZDPV 90 (1974) 197 f., Anm. 55.

*en-Nāṣire* (Nazareth): B. Bagatti, Excavations in Nazareth I. From the Beginning till the XII Century. Publications of the Studium Biblicum Franciscanum, coll. min. 17 (1969). — Weitere Lit. ZDPV 90 (1974) 200, Anm. 68.

*Qēṣārye (Caesarea Maris):* A. Frova u. a., Scavi di Caesarea Maritima. Istituto Lombardo, Accademia di Scienze e Lettere (1965). — L. I. Levine, Roman Caesarea. An Archaeological-Topographical Study (1975). — Weitere Lit. ZDPV 90 (1974) 196, Anm. 51.

*Ramat Rahel,* bei Bethlehem: Y. Aharoni, Excavations at Ramat Rahel 1959—1962 (1962/64).

*Rāmet el-Ḫalīl* (Mamre), bei Hebron: E. Mader, Mambre. Die Ergebnisse der Ausgrabungen im heiligen Bezirk Râmet el-Ḫalîl in Südpalästina 1926 bis 1928 (1957). — R. de Vaux, RB 65 (1958) 594—598.

*er-Rumēle* bei *ᶜĒn Šems* (Beth-Schemesch), westl. von Jerusalem: D. Mackenzie, The Excavations at Ain Shems 1911. PEF Ann. 1 (1911) 41—94; 2—3 (1912/13) 1—104. — E. Grant—G. E. Wright, Ain Shems Excavations I—V (1931—1939).

*Ṣaffūrye* (Sepphoris), Galiläa: L. Waterman, Preliminary Report of the University of Michigan Excavations at Sepphoris, Palestine, in 1931 (1937).

*Sebasṭye* (Samaria): G. A. Reisner—C. S. Fisher—D. G. Lyon, Harvard Excavations at Samaria 1908—10 (1924). — J. W. Crowfoot u. a., Samaria-Sebaste I—III (1938—1957). — J. B. Hennessy, Excavations at Samaria-Sebaste, 1968. Levant 2 (1970) 1—21.

*es-Sebbe* (Masada): zusammenfassend mit Lit. Y. Yadin, Masada. Herod's Fortress and the Zealot's Last Stand (1966; deutsch 1967).

*Šēḫ Abrēk* (Beth-Schearim), südöstl. von Haifa: Lit. ZDPV 90 (1974) 195, Anm. 49.

*Telēlāt Ġassūl,* südl. Jordangraben: A. Mallon—R. Koeppel—R. Neuville u. a., Teleilāt Ghassul I/II (1934/40). — J. B. Hennessy, Preliminary Report on a 1st Season of Excavations at Teleilat Ghassul. Levant 1 (1969) 1—24.

*et-Tell* (Ai), ephraimit. Gebirge: J. Marquet-Krause, Les fouilles de $^{c}$Ay (et-Tell), 1933—35 I/II (1938/49). — J. A. Callaway, The 1964 Ai (et-Tell) Excavations. BASOR 178 (1965) 13—40; JBL 87 (1968) 312—320. — G. H. Livingston, Special Report. The Excavations of et-Tell (Ai) in 1966. The Asbury Seminarian 21 (1967) 31—37. — J. A. Callaway, The 1966 $^{c}$Ay (et-Tell) Excavations. BASOR 196 (1969) 2—16. — Ders., The 1968—69 $^{c}$Ai (et-Tell) Excavations. BASOR 197 (1970) 7—31. — J. A. Callaway—N. E. Wagner, A Re-Examination of the Lower City at Ai (et-Tell) in 1971, 1972. PEQ 106 (1974) 147—155. — Weitere Lit. ZDPV 90 (1974) 208, Anm. 101.

*Tell el-$^{c}$Aǧǧūl,* bei Gaza: W. Flinders Petrie, Ancient Gaza I—IV (1931 bis 1934). — W. F. Albright, The Chronology of a South Palestinian City. AJSL 55 (1938) 337—359.

*Tell $^{c}$Amal: S.* Levi—G. Edelstein, Cinq années de fouilles à Tel $^{c}$Amal (Nir David). RB 79 (1972) 325—367.

*Tell $^{c}$Arād* (Arad), östl. von Beerseba: Y. Aharoni—R. Amiran, Excavations at Tel-Arad. IEJ 14 (1964) 131—147; 17 (1967) 233—249. — Diess., Arad. A Biblical City in Southern Palestine. Archaeology 17 (1964) 43—53. — Weitere Lit. ZDPV 90 (1974) 202 f., Anm. 83.

*Tell Balāṭa* (Sichem): E. Sellin, Anzeiger d. Kaiserl. Akademie d. Wiss. Wien, phil.-hist. Kl. 51 (1914) 35—40; ZDPV 49 (1926) 229—236. 304—320; 50 (1927) 205—211. 265—274; 51 (1928) 119—123. — G. E. Wright u. a., BASOR 144 (1956) 9—20; 148 (1957) 11—28; 161 (1961) 11—54; 167 (1962) 5—13; 169 (1963) 1—61; 180 (1965) 7—41; 190 (1968) 2—41. — G. E. Wright, Shechem. A Biography of a Biblical City (1964). — S. Horn, Shechem. History and Excavations of a Palestinian City. JEOL 18 (1965) 284—306. — E. F. Campbell—J. F. Ross—L. E. Toombs, The 8th Campaign at Balâṭah. BASOR 204 (1971) 2—17. — G. R. H. Wright, Co-ordinating the Survey of Shechem over Sixty Years 1913—1973. ZDPV 89 (1973) 188—196. — Weitere Lit. ZDPV 90 (1974) 209, Anm. 104.

*Tell Bēt Mirsim,* westsüdwestl. von Hebron: W. F. Albright, Tell Beit Mirsim I—III. AASOR 12 (1932) 1—165; 13 (1933) 55—127; 17 (1938) 1—141;

21/22 (1943) 1—229. — A. Eiton, Tell Beit Mirsim G—F — The Middle Bronze II A Settlement. BASOR 208 (1972) 19—24.

*Tell Dēr ᶜAllā* (Sukkoth?), Jordangraben: H. J. Franken, Tell Deir ᶜAllā I. A Stratigraphical and Analytical Study of the Iron Age Pottery. Documenta et Monumenta Orientis Antiqui 16 (1969).

*Tell ed-Duwēr* (Lachisch), westl. von Hebron: H. Torczyner—G. L. Harding—A. Lewis—J. L. Starckey—O. Tufnell—M. Murray—D. Diringer, Lachish I—IV (1938—1958).

*Tell el-Fārᶜa* (Thirza), samar. Gebirge: R. de Vaux, Tirzah. Archaeology and Old Testament Study (1967) 371 ff. (mit Lit.). — J. Mallet, Tell el-Farᶜah (région de Naplouse). L'installation du Moyen Bronze antérieure au rempart (1973).

*Tell el-Fāreᶜ*, bei Gaza: W. Flinders Petrie, Beth-pelet I/II (1930/32).

*Tell el-Fūl* (Gibea Sauls): W. F. Albright, Excavations and Results at Tell el-Fûl (Gibeah of Saul). AASOR 4 (1924) 1—160. — L. A. Sinclair, An Archaeological Study of Gibeah (Tell el-Fûl). AASOR 34/35 (1960) 1—52. — P. W. Lapp, Tell el-Fûl. BA 28 (1965) 2—10.

*Tell Ǧemme*, bei Gaza: W. Flinders Petrie, Gerar (1928).

*Tell Ǧezer* (Gezer): R. A. S. Macalister, The Excavation of Gezer 1902—1905 and 1907—1909. I—III (1912). — A. Rowe, The 1934 Excavations of Gezer. PEF Qu.St. 1935, S. 19—33. — W. G. Dever, Excavations at Gezer. BA 30 (1967) 47—62. — W. G. Dever—H. D. Lance—G. E. Wright, Gezer I. Preliminary Report of the 1964—1966 Season. Annual of the Hebrew Union College Biblical and Archaeological School in Jerusalem 1 (1970). — W. G. Dever u. a., Further Excavations at Gezer, 1967—71. BA 34 (1971) 94—132. — Weitere Lit. ZDPV 90 (1974) 206, Anm. 95.

*Tell el-Ḥesī*, ostnordöstl. von Gaza: W. Flinders Petrie, Tell el Hesy (Lachish) (1891). — F. J. Bliss, A Mound of Many Cities (1894). — L. E. Toombs, Tell el-Hesi, 1970—71. PEQ 106 (1974) 19—31.

*Tell el-Ḥöṣn* bei *Bēsān* (Beth-Schean): A. Rowe—G. M. Fitzgerald, Beth-shan I—IV (1930—1940). — F. W. James, The Iron Age at Beth-Shan. A Study of Levels VI—IV. Museum Monographs (1966). — H. O. Thompson, Tell el Husn — Biblical Beth-shan. BA 30 (1967) 110—135. — E. D. Oren, The Northern Cemetery of Beth-Sh(e)an. Museum Monograph of the University Museum of the Univ. of Pennsylvania (1973).

*Tell el-Mutesellim* (Megiddo): G. Schumacher—C. Steuernagel—C. Watzinger, Tell el-Mutesellim I/II (1908/1929). — R. M. Engberg—G. M. Shipton, Notes on the Chalcolithic and Early Bronze Age Pottery of Megiddo (1934). — H. G. May, Material Remains of the Megiddo Cult (1935). — R. S. Lamon, The Megiddo Water Systems. OIP 32 (1935). — P. L. O. Guy—R. M. Engberg, Megiddo Tombs. OIP 33 (1938). — R. S. Lamon—G. M. Shipton—G. Loud, Megiddo I/II (1939/1948). — G. Loud, The Megiddo Ivories. OIP 52 (1939). — K. Kenyon, The Middle and Late Bronze Age at Megiddo. Levant 1 (1969) 25—60. — Y. Yadin, Megiddo of the Kings of Israel. BA 33 (1970) 66—96. — A. Kempinski—I. Dunayewsky, The Megiddo Temples. ZDPV 89 (1973) 161—187. — Weitere Lit. ZDPV 90 (1974) 212, Anm. 119.

*Tell Nağīle,* östl. von Gaza: R. Amiran—A. Eitan, A Canaanite-Hyksos City at Tell Nagila. Archaeology 18 (1965) 113—123. — Weitere Lit. ZDPV 90 (1974) 212 f., Anm. 121.

*Tell en-Naṣbe* (Mizpa), ephraimit. Gebirge: C. C. McCown—J. C. Wampler, Tell en-Nasbeh I/II (1947).

*Tell el-Qāḍī* (Dan), oberer Jordangraben: A. Biran, Laish-Dan — Secrets of a Canaanite City and an Israelite City (hebr.) Qadmoniot 4 (1971) 2 ff. — A. Biran, Tel Dan. BA 37 (1974) 26—51. — Weitere Lit. ZDPV 90 (1974) 206, Anm. 94.

*Tell Qasīle,* bei Yaffa: B. Maisler, The Excavations at Tell Qasile. Preliminary Report (1951). — A. Mazar, Excavations at Tell Qasile, 1971—1972 (Preliminary Report). IEJ 23 (1973) 65—71.

*Tell er-Rās* (Garizim): R. J. Bull, A Preliminary Excavation of an Hadrianic Temple at Tell er-Ras on Mount Garizim. AJA 71 (1967) 387—393. — Ders., The Excavations at Tell er-Ras on Mount Garizim. BA 31 (1968) 58—72.

*Tell Taᶜannek* (Taanach): E. Sellin, Tell Taᶜannek. Denkschriften d. Kaiserl. Akademie d. Wiss. Wien, phil.-hist. Kl. 50, 4 (1904). — Ders., Eine Nachlese auf dem Tell Taᶜannek in Palästina. Ebenda 52, 3 (1906). — P. W. Lapp, The 1963 Excavation at Taᶜannek. BASOR 173 (1964) 4—44; auch BA 30 (1967) 2—27; 1966 Excavation BASOR 185 (1967) 2—39; 1968 Excavation BASOR 195 (1969) 2—49.

*Tell eṣ-Ṣāfī* (Gath?), östl. von Asdod: F. J. Bliss. PEF Qu.St. 1899, S. 188 ff., 317 ff.; 1900, S. 16 ff. — F. J. Bliss—R. A. S. Macalister, Excavations in Palestine (1902) 28 ff.

*Tell es-Sebaᶜ* (Beerseba): Y. Aharoni, The Beer-Sheva Excavations, by the Institute of Archaeology, Tel Aviv University (1971). — V. Fritz, Vorbericht über die Ausgrabung des römischen Kastells auf dem Tell es-Sebaᶜ. ZDPV 89 (1973) 54—65. — Y. Aharoni (ed.), Beer-Sheva I. Excavations at Tel Beer-Sheba, 1969—1971 Seasons (1973). — Y. Aharoni, Tel Beer-Sheva. Qadmoniot 6 (1973) 75—84. — Ders., Excavations at Tel Beer-Sheba. Preliminary Report of the Fourth Season, 1972. Tel Aviv 1, 1 (1974) 34—42. — N. Lipschitz—Y. Waisel, Dendroarchaeological Investigations in Israel (Tel Beer-Sheba and Arad in the Northern and Eastern Negev). IEJ 23 (1973) 30—36.

*Tell es-Sulṭān* (Jericho): E. Sellin—C. Watzinger, Jericho (1913). — J. Garstang—J. B. E. Garstang, The Story of Jericho (1948). — K. Kenyon, Digging up Jericho (1957). — K. Kenyon, Excavations at Jericho I/II (1960/65). — H. J. Franken, Tell es-sultan and Old Testament Jericho. OTS 14 (1965) 189—200.

*Tell Waqqāṣ* (Hazor): Y. Yadin, Hazor I—IV (1958—1965). — J. Gray, Hazor. VT 16 (1966) 26—52. — Y. Yadin, Hazor. The Head of All Those Kingdoms (Jos. 11:10). The Schweich Lectures of the British Academy 1970 (1972).

*Tell Zeror:* K. Ohata, Tell Zeror I—III (1966—1970).

*Tilāl Abū'l-ᶜAlāyiq* (herodianischer Winterpalast bei Jericho): J. L. Kelso—D. Baramki, Excavations at New Testament Jericho. AASOR 29/30 (1955). — J. B. Pritchard, The Excavations at Herodian Jericho. AASOR 32/33 (1958). — E. Netzer, The Hasmonean and Herodian Winter Palaces at Jericho. Qadmoniot 7 (1974) 27—36.

*Wādi Ġazze*, südl. von Gaza: Macdonald—Starkey—Harding, Beth-Pelet II (1932).

*Wādi el-Muġāra*, am Karmel: D. A. E. Garrod—D. N. A. Bate, The Stone Age of Mount Carmel I (1937).

## 4. *Oberflächenforschung*

Nur an verhältnismäßig wenigen, ausgewählten Stellen können Ausgrabungen oder Probegrabungen veranstaltet werden. Es ist nicht möglich, ganze Landstriche aufzugraben. Deshalb bedarf die historische Geographie, besonders die Siedlungsgeschichte und die spezielle Topographie, noch einer weiteren Methode: der archäologischen Oberflächenforschung *(archaeological survey)*, die in den zwanziger Jahren unseres Jahrhunderts vor allem von A. Alt und W. F. Albright ausgebildet worden ist. Die Oberflächenforschung macht sich den Umstand zunutze, daß in der Regel Keramikscherben aller Siedlungsperioden verstreut auf der Oberfläche und an den Böschungen eines *tell* oder einer *ḫirbe* umherliegen. Sammelt und klassifiziert man sie, dann erhält man ein Bild von der Abfolge der Siedlungsperioden der betreffenden Ortschaft, bei der Untersuchung mehrerer alter Ortslagen desselben Landstriches eine Vorstellung vom Verlauf der Siedlungsgeschichte der Landschaft im ganzen. Voraussetzungen sind die gründliche Kenntnis der Kleinfunde, vor allem der Keramik, die Beherrschung der *Survey*-Technik und die zumeist aus der literarischen Überlieferung gewonnene sachgemäße Fragestellung.

Man erkennt einen *tell* oder eine *ḫirbe* in der Landschaft gewöhnlich an Form und Farbe, das letztere jedenfalls in der regenlosen Jahreszeit. Der mausgraue Siedlungsschutt alter Ortslagen unterscheidet sich zumeist deutlich vom Gelb und Braun der Landschaft, selbst dann, wenn die Ortschaft noch besiedelt ist. Hat man die Ortslage gefunden, dann wird sie zunächst auf der Karte genau geortet, gleichgültig, ob sie bereits eingetragen war oder — was sehr häufig vorkommt — auf der Karte fehlt. Die Benutzung eines exakten Höhenmessers ist dafür ein unentbehrliches Hilfsmittel, besonders dann, wenn man moderne Isohypsenkarten zur Verfügung hat. Oberflächenuntersuchungen sollte man nach Möglichkeit nicht allein, sondern gemeinschaftlich unternehmen. Nach der ersten Orientierung verteilen sich die Mitarbeiter nach allen Seiten und begeben sich an den äußersten Rand und unteren Fuß der Ortslage. Das Sammeln der Keramikscherben vollzieht sich von unten nach oben, in Richtung auf die Hügelkuppe und das angenommene Zentrum der alten Siedlung. Dabei ist zu beachten, daß nach Möglichkeit keine unspezifischen Scherben aufgelesen werden, sondern spezifische, d. h. bestimmbare: z. B. Henkel, Gefäßränder *(rims)*, Gefäßfüße, bemalte oder anderweitig verzierte Scherben u. ä. Denn unspezifische Stücke, vor allem wenn sie klein sind, lassen sich nach dem Material allein oft nicht sicher oder überhaupt nicht bestimmen.

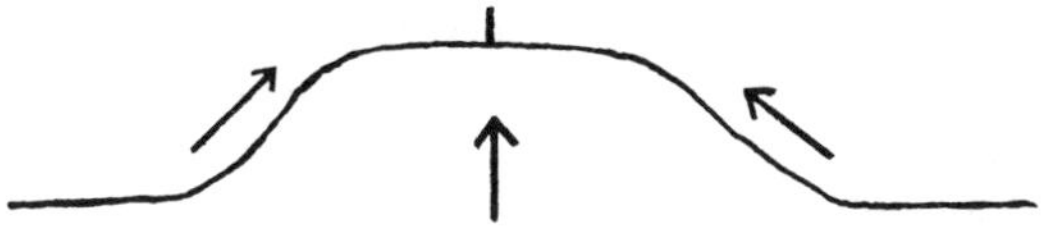

Richtung bei Oberflächenuntersuchung (von der Seite)

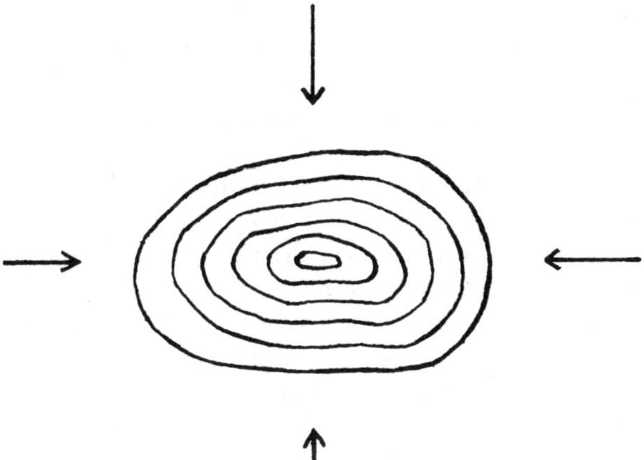

Richtung bei Oberflächenuntersuchung (von oben)

Die Scherben werden auf der Hügelkuppe zusammengetragen, sortiert und soweit wie möglich bestimmt; das vorläufige Resultat muß sofort notiert werden. Unklare Stücke kommen in vorbereitete Tüten mit Aufschrift, damit sie später gewaschen, mit anderen verglichen und eventuell doch noch bestimmt werden können. Eindeutige und besonders charakteristische Stücke sind zum Zwecke der Dokumentation mitzunehmen. Während dieser Tätigkeit nimmt ein Teil der Mitarbeiter die Maße der Ortslage auf und fertigt gegebenenfalls Skizzen und Beschreibungen an der Oberfläche sichtbarer Monumente (Steinfundamente, Zisternen, Schächte, Höhlen, Gräber u. a.). Ein weiterer Teil des Teams versucht Anwohner aufzutreiben: Bauern, Beduinen, nach Möglichkeit ältere Leute. Von ihnen wird ohne Rücksicht auf die Eintragungen im vorhandenen Kartenmaterial erfragt, was an Namen von Geländeformationen im Sichtbereich der zu untersuchenden Ortslage bekannt ist: *tell* oder *ḫirbe*, Täler, Anhöhen, Quellen, Bäume, Flurstücke u. a. m. Von Glück kann gesprochen werden, wenn man jemanden findet, der schreiben kann, damit man nicht aufs Gehör allein angewiesen ist. Das Ergebnis der Recherchen, die gewöhnlich sehr zeitraubend, aber lohnend sind, wird notiert und mit den Angaben der Karten und der sonst vorhandenen Literatur verglichen. Höhenmesser, Kompaß, Meßbänder, photographische Apparate, Papier und Schreibgerät sind unentbehrliche Arbeitsmittel. Darüber hinaus darf nicht versäumt werden, am Ort allgemeine topographische Erwägung anzustellen: über die Zufahrtswege, die verkehrsgeographische Lage, die Wasserversorgung, die Verteidigungsmöglichkeiten, die Sichtverhältnisse zu anderen Ortschaften u. a. m. Denn selbstverständlich ist die unmittelbare Anschauung der Arbeit am Kartentisch vorzuziehen.

Bei alledem ist zu beachten, daß die keramische Evidenz nur positiv, nicht aber negativ verwertet werden kann. Die Keramikscherben lassen erkennen, in welchen Perioden die Ortslage wahrscheinlich oder sicher besiedelt war; sie gestatten keinen Schluß auf die Perioden, in denen sie nicht besiedelt war. Denn es sind zu viele Zufälligkeiten bei der Scherbensuche und zu unterschiedliche örtliche Gegebenheiten in Betracht zu ziehen, als daß negative Evidenz erreicht werden könnte. Ein gutes Beispiel dafür ist die Ortschaft *Māᶜīn* im Ostjordanland, die ganz sicher mit dem (Beth) Baal Meon des AT identisch ist (Num. 32, 38; Jos. 13, 17; Ez. 25, 9 u. ö.). Sie muß in der 1. und 2. Eisenzeit besiedelt gewesen sein, war es wahrscheinlich auch in der Mittleren Bronzezeit und in der Spätbronzezeit. Vor Beginn der freilich ganz planlosen Schürfgrabungen der jordanischen Altertümerverwaltung konnten bei Oberflächenuntersuchungen jedoch keinerlei vorrömische Keramikscherben gefunden werden: Die gewaltigen Schuttmassen der Römerzeit haben alles Ältere überdeckt. Es kommt hinzu, daß die Ortschaft bis zum heutigen Tage besiedelt ist, was Oberflächenuntersuchungen stets erschwert. Beachtung verdient schließlich auch die Dichte des keramischen Belages; bei extrem geringer Dichte ist mit beduinischer Streukeramik zu rechnen. Daß Oberflächenforschung nicht überall mit gleicher Aussicht auf Erfolg betrieben werden kann, liegt auf der Hand. In manchen Gebieten des Staates Israel ist sie — jedenfalls nach der beschriebenen Methode — ganz unmöglich geworden.

Die Gesichtspunkte, die bei Oberflächenuntersuchungen beachtet werden müssen, lassen sich am besten an einem negativen und einem positiven Beispiel aus dem Gebiet der speziellen Topographie verdeutlichen.

*1. Lodebar im Ostjordanland:* Der Name der Ortschaft erscheint an den vier alttestamentlichen Belegstellen in jeweils unterschiedlicher Schreibung: לִדְבִר Jos. 13, 26; לוֹ דְבָר 2. Sam. 9, 4 f.; לֹא דְבָר 2. Sam. 17, 27; לֹא דָבָר Am. 6, 13 (Septuaginta: ἐπ' ουδενὶ λόγῳ, Vulgata: *in nihilo*). Welche vorzuziehen ist, wissen wir nicht, jedenfalls nicht לִדְבִר. Die Bedeutung des ungewöhnlichen Namens ist ganz unklar. Jos. 13, 25 f.: „Und sie (die Angehörigen des Stammes Gad) bekamen folgendes Gebiet: Ja<sup>c</sup>zer und alle Städte Gileads und die Hälfte des Ammoniterlandes bis Aroer gegenüber von Rabba, und von Hesbon bis Ramat-Hammispe und Betonim, und von Machanaim bis zum Gebiet von Lodebar usw." (die Beschreibung setzt sich bis zum See von Tiberias fort). 2. Sam. 9, 4 f.: „Der König (David) sprach zu ihm (dem Diener Ziba): Wo ist er? (der lahme Saulenkel Meribaal) Ziba antwortete dem König: Siehe, er ist im Hause Machirs, des Sohnes Ammiels, in Lodebar. Da sandte der König David hin und ließ ihn aus dem Hause Machirs, des Sohnes Ammiels, aus Lodebar holen." 2. Sam. 17, 27—29: „Als aber David nach Machanaim kam, hatten Sobi, der Sohn des Nahas, aus Rabbat Ammon, Machir, der Sohn Ammiels, aus Lodebar, und der Gileadit Barsillai aus Rogelim Ruhebetten, Decken, Töpfe, irdene Geschirre, Weizen, Gerste, Mehl, Röstkorn, Bohnen, Linsen, Honig, Sahne, Schafe und Kuhkäse gebracht. Sie setzten David und dem Volke, das mit ihm war, zu essen vor, denn sie dachten: Das Volk ist in der Steppe hungrig, erschöpft und durstig geworden." Am. 6, 13: „... die sich freuen über Lodebar, die sagen: Haben wir nicht durch unsere eigene Kraft Qarnaim wiedergewonnen?" — Diesen Angaben ist zunächst kaum mehr zu entnehmen, als daß die Ortschaft nördlich von Machanaim (*Tell Ḥeǧǧāǧ* am Westrand der *Arḍ el-<sup>c</sup>Arḍe*) gelegen hat und daß sie unter Umständen mit dem syrischen Qarnaim (*Šēḫ Sa<sup>c</sup>d*) in einem Atemzug genannt werden konnte. Die Kenntnis ihrer Lage ist freilich schon im Altertum verlorengegangen. Eusebius exzerpiert mit seiner Notiz „Lodebar, wo Machir war" (Onom. 122, 26) 2. Sam. 9, 4 f. und 17, 27; Genaueres weiß er nicht. Unter diesen

Umständen ist die Interpretation der Gebietsbeschreibung des Stammes Gad (Jos. 13, 24—28) von entscheidender Bedeutung. Hält man die dort genannten Ortschaften für Fixpunkte der gaditischen Ost- oder Westgrenze, dann ist damit eine Vorentscheidung getroffen. So schlug F.-M. Abel (Géographie de la Palestine II, 1938, Nachdruck 1967, S. 304) für „Debir" (welche Form er für die ursprüngliche hielt) das Ruinenfeld von *Umm ed-Dabar* oder *Dubar* südlich des *Wādi el-ᶜArab* vor: Der Name schien zu stimmen, und die gaditische Grenze sollte auf dem Gebirge zu suchen sein. Der Name ist so sicher freilich nicht; sollten die „*Tulul el-Mudawwar*" (1:100 000 Palestine, Sheet 5: Nazareth; 211,3 × 222,9) gemeint sein? M. Noth zog Jos. 13, 27 „der Jordan und (sein) Gebiet" in Betracht und lokalisierte Lodebar mit Zurückhaltung auf *Tell el-Mġannīye* (1 : 100 000 South Levant N. I. 36. X. 6 Salt; 214,3 × 179,2) an der Nordseite des Jabbokunterlaufes, da zwischen Machanaim und dem Jabbok keine weitere Ortslage aufzufinden war; vgl. Josua. HAT I, 7 (1953²) 82 und ABLAK 1, 518, Anm. 71. Oberflächenuntersuchungen des Lehrkurses 1959 des Deutschen Evangelischen Instituts für Altertumswissenschaft des Hl. Landes ergaben nun allerdings einen völlig negativen keramischen Befund: *Tell el-Mġannīye* ist ein *tell*-ähnlicher natürlicher Hügel ohne keramischen Belag, der niemals besiedelt war; vgl. M. Metzger, ZDPV 76 (1960) 97—102. Metzgers Gegenvorschlag stützte sich ebenfalls auf Jos. 13, 17: *Tell el-Ḥamme* am Austritt des Jabbok aus dem Gebirge in den *Ġōr* (2, 5 km ostsüdöstl. von *Tell Dēr ᶜAllā*); dieser *tell* hat nach N. Glueck, AASOR 25—28 (1951) 313 Keramik aus Eisen I/II, röm.-byzant. und arab. Ware. Zu Am. 6, 13 paßt das freilich nicht sonderlich gut. Dieser Umstand und die Erwägung, daß der sehr kleine *Tell el-Ḥamme* in unmittelbarer Nähe des großen *Tell Dēr ᶜAllā* schwerlich das Zentrum eines städtischen „Gebietes" gewesen sein kann, veranlaßten A. Kuschke, Lodebar weiter nördlich am Westrand des ostjordanischen Gebirges südlich des Yarmuk zu suchen; vgl. Gottes Wort und Gottes Land, Festschrift f. H.-W. Hertzberg (1965) 98 f. Er machte allerdings keinen eigenen Vorschlag. Die Neuinterpretation von Jos. 13, 15 ff. als Beschreibung zweier Verwaltungsdistrikte aus der Zeit Davids und Salomos durch S. Mittmann, Beiträge zur Siedlungs- und Territorialgeschichte des nördlichen Ostjordanlandes (1970) 242—244, veränderte die Ausgangslage für die Lokalisation von Lodebar: Es mußte jetzt am Nordrand des Distrikts von Machanaim nahe der Grenze zum Distrikt von Ramoth-Gilead, d. h. im *ᶜAǧlūn*, gesucht werden. Mittmann schlug *Ḫirbet Ḥamīd* am Oberlauf des *Wādi Kufrinǧi* vor (222,8 × 190,3 auf der o. g. Karte). Dort fand er

Keramik aus EB II—III, MB II, LB I, Eisen I/II auf den Terrassen, hellenist., röm. und byzantin. Ware auf der Oberfläche der Hügelkuppe. Diese Lokalisation beruht wie alle ihre Vorgänger auf der Interpretation des schwierigen Kapitels Jos. 13 und auf dem keramischen Befund, jedoch nicht auf der Namenüberlieferung. Jede neue Deutung von Jos. 13 verändert die Bedingungen und gibt anderen Kandidaten den Weg frei, für Lodebar gehalten zu werden. Vgl. zuletzt M. Wüst, Untersuchungen zu den siedlungsgeographischen Texten des AT. I. Ostjordanland. Beihefte z. Tübinger Atlas des Vorderen Orients, B 9 (1975) 127—129. Es zeigt sich nach alledem, daß das Material und die Möglichkeiten der Oberflächenuntersuchung nicht ausreichen, um Lodebar zu fixieren.

2. *Qirjataim im Ostjordanland:* ist im AT sechsmal bezeugt. Num. 32, 37: „Und die Rubeniten bauten Hesbon, Eleale, Qirjataim (38 Nebo, Baal Meon ... und Sibma)." Jos. 13, 19 f.: (Städte im Besitz des Stammes Ruben) „... Qirjataim, Sibma und Zereth-Hassahar auf dem Berge der Ebene, Beth-Peor, Asdod-Happisga und Beth-Hajjesimot." Jer. 48, 1 (Orakel gegen Moab): „Wehe über Nebo, denn es ist verwüstet, ... eingenommen ist Qirjataim!" Jer. 48, 23: (Strafgericht über) „Qirjataim, Beth-Gamul und Beth-Meon (24 Beth-Qerijjot, Bosra)." Ez. 25, 9 (Orakel gegen Moab): „Deshalb, siehe, ich entblöße die Flanke Moabs von den Städten, von seinen Städten insgesamt — dem Schmuck des Landes, Beth-Hajjesimot, Baal Meon und Qirjataim!" Gen. 14, 5 nennt die „Ebene von Qirjataim" in undeutlichem Zusammenhang. Diesen Stellen ist topographisch soviel zu entnehmen, daß der Ort zwischen dem Arnon und einer theoretischen Linie östlich des Nordendes des Toten Meeres gelegen haben muß, sehr wahrscheinlich südlich von Hesbon *(Ḥesbān)*, vielleicht nördlich von (Beth) Baal Meon *(Mā$^c$īn)*. Dazu stimmt die freilich nicht allzu ergiebige Angabe in der Inschrift des Königs Mēšạ$^c$ von Moab (KAI 181), Z. 9 f.: „Und ich baute Baal Meon wieder auf und errichtete die Zisterne darin, und ich baute QRJTN wieder auf"; danach folgt die Eroberung des gaditischen Ataroth *($^c$Aṭṭārūs)*. Der Kontext nahezu aller Belegstellen weist überdies darauf hin, daß Qirjataim in nicht zu weiter Entfernung von *Mādebā* gesucht werden muß, d. h. in der *südlichen Belqā*. Bis 1960 lokalisierte man die Ortschaft nahezu übereinstimmend auf *Ḫirbet el-Qurēyāt* am Nordrand des *Sēl Hēdān*, ca. 20 km südsüdwestl. von *Mādebā*, 5 km südl. von *$^c$Aṭṭārūs* und 10 km nordwestl. von *Ḏībān*; vgl. F.-M. Abel, Géographie de la Palestine II (1938, Nachdruck 1967) 419 und J. Simons, The Geographical and Topographical Texts of the OT (1959) §§ 298. 1364. Für diese Gleichung sprach freilich von An-

fang an nicht viel mehr als die Namensähnlichkeit. Dagegen sprechen folgende Gründe: 1. Jos. 13, 19 ff. — wie immer zu interpretieren — nennt eine Reihe von Orten in Süd-Nord-Richtung, die von Dibon über Beth Baal Meon nach Qirjataim und dann in die Gegend nordwestl. von *Mādebā* führt; 2. Num. 32, 37 f. nennt Orte, die in der *Belqā* liegen und deren südlichster Beth Baal Meon ist; 3. nach Ez. 25, 9 müßte Qirjataim am Westrand der *Belqā* unweit von Baal Meon und Beth-Hajjesimot (= *Tell el-ᶜAḏēme* im Jordangraben) gelegen haben; 4. nach der Mēšaᶜ — Inschrift Z. 7 ff. gehörte Qirjataim zum „Land *Mādebā*; 5. auf *Ḫirbet el-Qurēyāt* ist nach N. Glueck, AASOR 18/19 (1939) 131 nur röm.-byzantin. und jüngere Keramik gefunden worden (Man beachte jedoch den Grundsatz der positiven keramischen Evidenz!). Diese Gegengründe reichen allein schon aus, um *Ḫirbet el-Qurēyāt* für Qirjataim ausscheiden zu lassen; vgl. K.-H. Bernhardt, ZDPV 76 (1960) 136—158. Die Gegengründe werden noch verstärkt und die richtige Lokalisation vorbereitet durch Eusebius, Onom. 112, 14—17: „Kariathaim. Eine Stadt, die die Rubeniten gebaut haben. Es gibt auch jetzt noch ein Christendorf bei der Stadt Medaba (in der Provinz) Arabia, das Karaiatha heißt, 10 Meilen westlich von Medaba in der Nähe von Bare." Der Lehrkursus 1960 des Deutschen Ev. Instituts f. Altertumswissenschaft d. Hl. Landes unter Leitung von A. Kuschke ging von dieser Beschreibung aus, nahm sie ernst und fand unweit des Weges von *Mādebā* nach *Ḥammām Zerqā Māᶜīn* (= Bare, Baaras) auf der Nordseite des *Wādi ᶜAyyūn eḏ-Ḏīb* einen Ruinenhügel namens *Ḫirbet el-Qurēye*, in Luftlinie 10 km, in Straßenkilometern jedoch 15 km (= 10 röm. Meilen) von *Mādebā* entfernt. Diese *Ḫirbe* ist auf den Karten nicht eingetragen; sie liegt im Planquadrat 216 der Karte 1 : 100 000 South Levant, Sheet Amman. Für ihre Identität mit Qirjataim sprechen: 1. der Name; 2. die völlige Übereinstimmung mit den Angaben des Euseb; 3. die Belegstellen des AT und der Mēšaᶜ-Inschrift; 4. der keramische Befund (EB, Eisen I/II, mamlukische Ware). Die röm.-byzantin. Nachfolgesiedlung liegt ca. 600 m weiter talabwärts, heißt *Qurēyet ᶜAyyūn eḏ-Ḏīb* und hat röm., byzantin. und früharab. Keramik. Vgl. zu den Einzelheiten A. Kuschke, ZDPV 77 (1961) 24—31; 78 (1962) 139 f.; Jer. 48, 1—8. Zugleich ein Beitrag zur historischen Topographie Moabs. Verbannung und Heimkehr, Festschrift f. W. Rudolph (1961) bes. 191—196. Besser, genauer und mit mehr positiven Argumenten kann man spezielle Topographie auf dem Wege der Oberflächenuntersuchung nicht machen.

*Literatur: Oberflächenuntersuchungen (Auswahl):* The Survey of Western Palestine, 6 Bde. (1881—86, Nachdruck 1970). — W. F. Albright, The Jordan

Valley in the Bronze Age. AASOR 6 (1924/25) 13—74. — R. de Vaux, Exploration du Sud-Est de la Vallée du Jourdain. RB 40 (1931) 213—226. — N. Glueck, Explorations in Eastern Palestine, 4 Bde. AASOR 14 (1934); 15 (1935); 18/19 (1939); 25—28 (1951). — R. de Vaux, Explorations de la région de Salt. RB 47 (1938) 398—425. — M. Noth, Jabes-Gilead. Ein Beitrag zur Methode alttestamentlicher Topographie (1953). ABLAK 1, 476 bis 488. — Y. Aharoni—R. Amiran, Archaeological Survey. Researches in Upper Galilee (hebr.) BIES 17 (1953) 126—137. — Diess., Archaeological Surveys. The City Mounds of the Shephelah (hebr.) BIES 19 (1955) 222—225. — N. Zori, Archaeological Survey in the Valley of Bethshean. The Valley of Bethshean (hebr.) (1962) 135—198. — L. J. Rachmani, A Partial Survey of the Adullam Area (hebr.). Yediot 28 (1964) 209—231. — H. de Contenson, The 1953 Survey of the Yarmuk and Jordan Valleys. ADAJ 8/9 (1964) 30—46. — Y. Aviram (ed.), Western Galilee and the Coast of Galilee. The 19th Archaeological Convention 1964 (hebr.) (1965). — S. Kappus, Oberflächenforschung im mittleren Wadi Fârᶜah. ZDPV 82 (1966) 74—82. — W. Schottroff, Horonaim, Nimrim, Luhith und der Westrand des „Landes Ataroth", ein Beitrag zur historischen Topographie des Landes Moab. ZDPV 82 (1966) 163—208. — C. Z. Hirschberg—Y. Aviram (ed.), All the Land of Naphtali. The 24th Archaeological Convention 1966 (hebr.) (1967). — H. J. Franken, Einiges über die Methode von archäologischen Oberflächenuntersuchungen. Archäologie und AT, Festschrift f. K. Galling (1970) 117—125. — B. Rothenberg, An Archaeological Survey of South Sinai. First Season 1967/68. PEQ 102 (1970) 4—29. — S. Mittmann, Beiträge zur Siedlungsgeschichte und Territorialgeschichte des nördlichen Ostjordanlandes. Abh. d. DPV (1970). — M. Kochavi (ed.), Judaea, Samaria and the Golan. Archaeological Survey 1967—68. Publications of the Archaeological Survey of Israel 1 (hebr.) (1972). — E. B. Smick, Archaeology of the Jordan Valley. Baker Studies in Biblical Archaeology 3 (1973). — J. Aviram (ed.), Eretz Shomron. The 30th Archaeological Convention, Sept. 1972 (hebr.) (1973).

*Zur Keramik (Auswahl):* H. Otto, Studien zur Keramik der mittleren Bronzezeit in Palästina. ZDPV 61 (1938) 147—277. — G. E. Wright, The Pottery of Palestine from the Earliest Times to the End of the Early Bronze Age (1938). — J. L. Kelso—J. P. Thorley, Palestinian Pottery in Bible Times. BA 8 (1945) 82 ff. — J. L. Kelso, The Ceramic Vocabulary of the Old Testament. BASOR Suppl. 5—6 (1948). — Y. Aharoni—R. Amiran, A New Scheme for the Sub-Division of the Iron Age in Palestine. IEJ 8 (1958) 171—184. — R. Amiran—M. Cassuto-Salzmann, Ancient Pottery of Eretz Yisrael (1959). — R. Amiran, The Pottery of the Middle Bronze Age I in Palestine. IEJ 10 (1960) 204—225. — P. W. Lapp, Palestinian Ceramic Chronology 200 B.C. — A. D. 70 (1961). — W. F. Albright, The Chronology of Middle Bronze I. BASOR 168 (1962) 36—42. — R. Amiran, The Ancient Pottery of Eretz Yisrael from its Beginnings in the Neolithic Period to the End of the First Temple (hebr.) (1963). — H. Balfet, Céramique ancienne en Proche-Orient (Israel et Liban, VI—III millénaires). Étude technique

(1963). — C. M. Epstein, Palestinian Bichrome Ware. Documenta et Monumenta Orientis Antiqui 12 (1966). — P. E. Bonnard, Poterie palestinienne. Suppl. Dictionnaire de la Bible 8, 42 (1967) 136—240. — F. Hankey, Mycenaean Pottery in the Middle East. Notes on Finds since 1951. Annual of the British School at Athens 62 (1967) 107—147. — J. L. Huot, Typologie et chronologie de la céramique du Bronze Ancien à Tell el-Fâr$^{c}$ah. RB 74 (1967) 517—554. — N. Glueck, Some Edomite Pottery from Tell el-Kheleifeh. BASOR 188 (1967) 8—38. — P. W. Lapp, The Pottery of Palestine in the Persian Period. Archäologie und AT, Festschrift f. K. Galling (1970) 179—197. — R. Amiran—P. Beck—H. Zevulun, Ancient Pottery of the Holy Land. From its Beginnings in the Neolithic Period to the End of the Iron Age (hebr.) (1970). — J. S. Sauer, Heshbon Pottery (1971).

## § 7: Die Vorgeschichte

### *1. Bevölkerung*

Die Grundzüge, mehr noch die Einzelheiten der Ethnographie Syriens und Palästinas sind kompliziert und noch keineswegs zureichend erforscht. Unter Beschränkung auf das Wesentliche lassen sich zwei Menschentypen unterscheiden:

1. Langschädel *(dolichokephal)*: der mediterrane, dunkelfarbige und kleinwüchsige Typ;

2. Breitschädel *(brachykephal)*: der größere, ebenfalls dunkle armenoide Typ.

Beide haben sich schon früh vermischt; mithin ist ein einheitlicher Bevölkerungstyp in Syrien und Palästina nicht anzutreffen. Es kommt hinzu, daß das palästinisch-syrische Kulturland einen unablässigen Zustrom neuer Elemente und damit die beständige Auffrischung des alten Bevölkerungsstandes erlebt hat und erlebt, vor allem aus dem Osten. Denn die Wüste, die Heimat der Nomaden, ist nicht autark, d. h. sie ernährt ihre Bewohner nicht das ganze Jahr über. Die Kleinviehnomaden, in geringerem Grade auch die Kamelnomaden, müssen mit ihren Herden im trockenen Sommer ins Kulturland ziehen, um dort zu „übersommern". Sie haben sich mit den Kulturlandbauern auf friedliche Weise zu arrangieren, etwa durch Verträge über Nutzungsrechte (Weidegerechtsamkeiten), oder müssen mit ihnen in kriegerische Auseinandersetzungen treten. Sobald die Regenzeit — der Winter — beginnt, ziehen sie sich in die Wüste zurück. Dieser Vorgang, Weidewechsel oder Transhumanz genannt, vollzieht sich mit kalendarischer Regelmäßigkeit Jahr für Jahr bis zum heutigen Tag. Wann er begann, ist nicht mit völliger Sicherheit auszumachen. Jedenfalls setzt die extensive Weidewirtschaft der Kleinviehnomaden die Domestikation von Schafen und Ziegen voraus, die nach gegenwärtiger Kenntnis spätestens im Neolithicum erfolgte. Im Zuge der Transhumanz kann es nicht ausbleiben, daß das Pendel eines Tages ausschwingt: natürlich nicht in der Wüste, aus der ständig neue Bevölkerungsgruppen nachdrängen, sondern im Kulturland. Die Nomaden werden langsam seßhaft; sie vollziehen stufenweise den Übergang von der extensiven Weidewirtschaft zum Ackerbau (sog. Sedentarisation). So ist die syrisch-arabische Wüste das Regenerationsareal für das Kulturland: Allmählich, gelegentlich zu Wellen verdichtet, strömen die Wüstenbewohner ins Kulturland ein. Auf diese Weise sind die Kanaanäer, Aramäer, unter ihnen die Israeliten, auch die Araber ins Land gekommen. Man könnte die Eroberung des Orients durch den Islam als die letzte große Landnahmewelle betrachten. Die Transhumanz sorgt mithin für die kontinuierliche Auffrischung der Kulturlandbevölkerung und für die Wahrung der sog. „semitischen" Dominante. Von Zeit zu Zeit sind auch aus dem Norden Völkerschaften nach Syrien und Palästina gekommen: so etwa die Ḫurriter zu Anfang des 2. Jahrt. v. Chr. und die „Seevölker", darunter die Philister, im 13.—12. Jh. v. Chr. Das Völkergemisch ist unentwirrbar. Doch mag die Präponderanz des dolichokephalen Typs auf dem Zustrom aus dem Osten beruhen und das Auftreten der Brachykephalen auf der Einwanderung von Norden.

*Literatur:* F. v. Luschan, Völker, Rassen, Sprachen (1922). — C. U. A. Kappers, Introduction to the Anthropology of the Near East in Ancient and Recent Times (1934). — F. C. Howell, Upper Pleistocene Stratigraphy and Early Man in the Levant. Proceedings of the American Philos. Society 103 (1959) 1—65. — K. P. Oakley, Frameworks for Dating Fossil Man (1964). — A. Thoma, La définition des néandertaliens et la position des hommes fossiles de Palestine. L'Anthropologie 69 (1965) 519—533. — D. Ferembach, Bibliographie sur l'anthropologie des hommes actuels et fossiles du Proche-Orient (1968). — J. Henninger, Über Lebensraum und Lebensformen der Frühsemiten. Arbeitsgemeinschaft f. Forschung d. Landes Nordrhein-Westfalen 151 (1968).

## *2. Kulturen*

*a) Paläolithicum (ca. 200 000 — 9000 v. Chr.):* In Palästina sind zwei große paläolithische Kulturkreise nachgewiesen worden. Die ältesten Spuren der Anwesenheit des Menschen reichen ins *Chelléen* (ca.

200 000 — 100 000) zurück: Hauptsächlich in der Ebene Rephaim südwestlich des alten Jerusalem *(el-Baq$^{c}$a)*, aber auch anderwärts, fand man die materiellen Überreste von Jägern und Sammlern, die den abgeschlagenen Faustkeil als Universalwerkzeug benutzten. Die ersten Skelettfunde gehören ins *Moustérien* (ca. 100 000 — 9000). In dieser Periode lebten in Palästina hauptsächlich zwei Menschentypen: a) der dem Neandertaler ähnliche *homo Galilaeensis* (westl. des Sees von Tiberias); b) der höherentwickelte *Cromagnon*-Mensch (bes. *Wādi el-Muġāra* auf dem Karmelgebirge, daher auch „Karmelmensch"). Der Karmelmensch wird von manchen Anthropologen und Prähistorikern ins Mesolithicum datiert. Beide waren Höhlenbewohner; sie ernährten sich von der Jagd und vom Sammeln vegetabilischer Nahrung. Die Steinwerkzeuge sind differenziert: Faustkeil, Meißel, Schaber, Dolch, parallelschneidkantiges Messer, Lanzen- und Pfeilspitze u. a. m. Die Toten sind oft in sog. Freigräbern vor den Wohnhöhlen, und zwar in Hockerstellung, bestattet; Napflöcher im Felsen dienen anscheinend ihrer Versorgung mit Speise und Trank.

*b) Mesolithicum (ca. 9000 — 6000 v. Chr.):* Die Menschen des Mesolithicums werden nach dem Hauptfundort im *Wādi Natūf* nordwestlich von Jerusalem auch „Natufier" genannt. Sie repräsentieren bereits den dolichokephalen Typ. Ihre Lebensweise ist nur noch z. T. die von Höhlenbewohnern; es gibt auch schon Häuser mit ovalem oder kreisrundem Grundriß. Zur Jagd und zum Sammeln kommen der Fischfang und erste Anfänge des Ackerbaus (Getreidesilos). Steinwerkzeuge und Steingefäße erscheinen in vielfältigen Formen. Auch Knochenschnitzereien sind bezeugt (Schmuck, Amulette, Idole). Grabbeigaben (Stein- oder Knochenfiguren, Anhänger, Ketten, gefärbte Kieselsteine, Muschelperlen) tauchen auf und bezeugen die Existenz eines Totenkultes. In der Nähe der Herdstellen hat man Tier- und Menschenknochen gefunden; die letzteren könnten auf kannibalische Bräuche hinweisen.

*c) Neolithicum (ca. 6000 — 4000 v. Chr.):* Zu Anfang und in der ersten Periode des Neolithicums sind die Menschen z. T. noch Höhlenbewohner, z. T. leben sie bereits in Hüttendörfern. Eine besondere Gruppe bilden die Neolithiker von Gezer *(Tell Ǧezer)*, die ihre Toten nicht bestatteten, sondern in unterirdischen Kavernen verbrannten (sog. Krematorium von Gezer). Vielleicht neolithisch, vielleicht aber auch erst chalkolithisch, sind die Vertreter der sog. Megalithkultur, deren Überreste im Jordangraben, am Karmel, auf dem mittelpalästinischen Gebirge und auf der Höhe des ostjordanischen Gebirges bis heute sichtbar sind (Dolmen, Menhir, Cromlech). Sie könnten eine landsässige bäuerliche Bevölkerung gewesen sein; das Auftauchen von Dolmengräbern läßt auf Totenkult oder Kultus für chthonische Gottheiten schließen. Andererseits fehlen feste Siedlungen in der Nähe der Nekropolen; das wiederum läßt an Menschen mit nomadischer Lebensweise denken. Gegen Ende des Neolithicums kommt es zur ältesten Stadtkultur: die unterste Schicht von Jericho. Man baut Häuser mit festem Fußboden, die Wände aus geklopftem Lehm oder Lehmziegeln. Die Befestigungsanlagen sind aus Steinen aufgeführt (sog. neolithischer Turm von Jericho). Als Haustiere begegnen Schafe, Ziegen, Rinder, sogar Schweine. Zu den sich in ihren Formen beträchtlich wandelnden Kulturgegenständen kommen erste Terrakotten (Menschenfiguren: vermutlich die Triade Gott, Göttin und Gottkind; auch Tiere, Phalloi u. a.), vielleicht als Votivgaben, und die berühmten Schädelplastiken mit eingelegten Muschelaugen (ähnlich *Catal Hüjük* und *Hacılar* in Kleinasien), sicherlich Zeugnisse für Totenkultus. In der Spätphase des Neolithicums beginnt die Keramik, teils noch ohne, teils mit Töpferscheibe hergestellt. Daneben werden Stein- und Holzgefäße weiterbenutzt. Bemerkenswert ist ein etwa tausendjähriger Siedlungshiatus vor Beginn des keramischen Neolithicums, dessen Gründe unbekannt sind.

*d) Chalkolithicum (5.—4. Jahrt. v. Chr.):* Im Chalkolithicum beginnt sich das Gesicht des Landes grundlegend zu verändern. Die Stadtkultur erlebt ihre erste Blüte, und zwar hauptsächlich in den Ebenen: zweitunterste Schicht von Jericho, *Telēlāt Ġassūl,* Bethschean, Megiddo, *ᶜAffūle,* Gezer; auf dem Gebirge Ai *(et-Tell), Tell el-Fārᶜa, Tell en-Naṣbe,* Jerusalem u. a. Daneben gibt es noch Höhlenwohnungen, vor allem in der sog. Beerschebakultur (*Tell Abū Maṭar* und andere Fundstätten). Die Menschen lernen künstliche Bewässerung; sie treiben Ackerbau und ziehen Fruchtbäume. Die Häuser sind in der Regel von rechtwinkligem Grundriß mit Lehmmauern auf Steinfundamenten; z. T. hochentwickelte Wandmalereien kommen vor *(Telēlāt Ġassūl).* Man verfertigt neben Steinwerkzeugen Metallgeräte und -waffen (Kupfer mit Zinnbeimischung). Die Keramik ist trotz noch roher Materialaufbereitung von hoher Vollkommenheit und großem Formenreichtum (auch Bemalung und Ritzschmuck). Die Toten werden zumeist in unterirdischen, mit Steinen ausgelegten Kammergräbern bestattet und mit Grabbeigaben (Speisen, Schmuck) versehen. Man unterscheidet im groben zwei chalkolithische Perioden: das ältere *Ghassulien* (parallel der *Tell Halaf*-Kultur in Nordsyrien und Mesopotamien) und die jüngere Jesreel-Kultur (parallel dem vordynastischen Ägypten und *Uruk I* in Mesopotamien); in der letzteren

Periode kommt es wahrscheinlich zu ersten Formen des Stadtkönigtums.

*Literatur:* P. Karge, Refaim. Die vorgeschichtliche Kultur Palästinas und Phöniziens (1918). — A. Mallon—R. Koeppel—R. Neuville, Teleilat Ghassul, 2 Bde. (1934/40). — M. Stékélis, Les monuments mégalithiques de la Palestine (1935). — D. A. E. Garrod—D. M. E. Bate, The Stone Age of Mount Carmel (1937). — J. A. Potratz, Vorgeschichtliche Geräte (1957). — D. A. E. Garrod, The Natufian Culture (1958). — M. Stékélis, La necrópolis megalitica de Ala-Safat, Transjordania. Ampurias 22 f. (1960 f.) 49 ff. — D. R. Bothwell, The People of Mount Carmel. Proceedings of the Prehistoric Society 27 (1961) 155—159. — D. A. E. Garrod, The Middle Palaeolithic of the Near East and the Problem of Mount Carmel Man. Journal of the Royal Anthrop. Inst. 92 (1962) 232—259. — F. Biancofiore, Architettura „megalitica". Arte antiqua e moderna 25 (1964) 3—42. — R. L. Raikes, Physical Environment and Human Settlement in Prehistoric Times in the Near and Middle East. A Hydrological Approach. East and West 15 (1965) 179—193. — F. Hole—R. F. Heitzer, An Introduction to Prehistoric Archaeology (1965). — J. L. Swauger, 1962 Study of Three Dolmen Sites in Jordan. ADAJ 10 (1965) 5—26; ders., BA 29 (1966) 106—114. — D. A. E. Garrod—J. G. D. Clark, Primitive Man in Egypt, Western Asia and Europe in Palaeolithic/Mesolithic Times. CAH 1, 3 (1965²). — R. de Vaux, Palestine during the Neolithic and Chalcolithic Periods. CAH 1, 9 (1966). — F. Hours, Les débuts du néolithique dans le Proche-Orient (8ᵉ et 7ᵉ mill. av. J.-C.). Travaux et Jours 20 (1966) 3—23. — M. Stékélis—A. Bar-Yosef—A. Tschernov, A Prehistoric Settlement near Ein Geb (hebr.) Yediot 30 (1966) 5—22. — D. Kirkbride, Five Seasons at the Pre-Pottery Neolithic Village of Beidha in Jordan. PEQ 98 (1966) 8—61. — J. González Echegaray, Excavaciones en la terraza de El-Khiam (Jordania), 2 Bde. (1966). — T. Yizraeli, A Lower Palaeolithic Site at Ḥolon. IEJ 17 (1967) 144—152. — E. Anati—M. Haas, A Palaeolithic Site with Pithecanthropian Remains in the Plain of Esdraelon, near Kibbutz Hazorea. IEJ 17 (1967) 114—118. — M. Stékélis. Kh. Delhanniyah. Traces of Chalcolithic Culture (Ghassulien) in the Slope of Kh. Delhanniyah in the Jordan Valley (and Ǧisr Benāt Yaᶜqûb). Eretz-Yisrael 8 (1967) 88—94 (hebr.) — T. Yizraeli, Mesolithic Hunters' Industries at Ramat Maṭred. PEQ 99 (1967) 78—85. — M. Stékélis, Archaeological Excavations of ᶜUbeidiya, 1960—1963 (1967). — J. Perrot—N. Zori—Y. Reich, Neve Ur, un nouvel aspect du Ghassoulien. IEJ 17 (1968) 201—232. — M. Perrot, Premiers villages de Syrie et de Palestine. CRAI 1968, 161—177. — D. Gilead, Burial Customs and the Dolmen Problem. PEQ 100 (1968) 16—26. — J. B. Hennessy, Preliminary Report on a First Season of Excavations at Teleilat Ghassul. Levant 1 (1969) 1—24. — E. D. Stockton, A Bibliography of the Flint Industries of Transjordan. Levant 1 (1969) 100—103. — A. Bar-Yosef, Prehistoric Sites near Ashdod, Israel. PEQ 102 (1970) 52—64. — D. Gilead, Palaeolithic Cultures in Israel and the Near East (Diss. Jerusalem 1970). —

C. Vita-Finzi—E. S. Higgs, Prehistoric Economy in the Mount Carmel Area of Palestine: Site Catchment Analysis. Proceedings of the Prehistoric Society 36 (1970) 1—37. — A. Rouen—M. Daivis, Un atelier de taille néolithique au Mt. Carmel. Le point 355 Z. L'Anthropologie 74 (1970) 161—194. — C. F. Graesser, Standing Stones in Ancient Palestine. BA 35 (1972) 34—63. — A. M. T. Moore, The Late Neolithic in Palestine. Levant 5 (1973) 36—68. — M. Lechevallier—G. Dollfus, Nouveaux sites du VIe millénaire en Haute-Galilée. Eretz-Israel 11 (1973) 9—21. — O. Bar-Yosef, Habitations: Their Locations and Forms in the Palaeolithic and Epi-Palaeolithic Periods (hebr.). Eretz-Israel 11 (1973) 104—110. — F. Hours—L. Copeland—O. Aurenche, Les industries paléolithiques du Proche-Orient, essai de la corrélation. L'Anthropologie 77 (1973) 229—280. 437—496. — D. O. Henry, The Natufian Site of Rosh Zin: A Preliminary Report. PEQ 105 (1973) 129—140. — O. Bar-Yosef, The Natufian Culture in Eretz-Israel (hebr.). Qadmoniot 7 (1974) 3—23.

## § 8: Das kanaanäische Zeitalter

Die Kulturepochen der Frühen, Mittleren und Späten Bronzezeit (3. Jahrt. — ca. 1200 v. Chr.) lassen sich historisch-geographisch unter dem Leitbegriff „Kanaanäisches Zeitalter" behandeln: In Palästina und Syrien dominierte das in der Frühen Bronzezeit eingewanderte Bevölkerungselement der Kanaanäer, das, durch fremden Zustrom vielfältig vermischt, im Zuge der Transhumanz aus der syrisch-arabischen Wüste stetig regeneriert worden ist. Kennzeichnend für dieses Zeitalter ist ein — verglichen mit dem Chalkolithicum — unerhörtes Aufblühen der Stadtkultur. Die älteren Phasen der städtischen Besiedlung des Landes werden in der Hauptsache durch archäologische Beobachtungen (Ausgrabungen, Oberflächenforschung) sichtbar; seit der Mittleren Bronzezeit kommen literarische Nachrichten hinzu.

Im Sinne der allgemeinen Topographie lassen sich jetzt Charakteristika und Gemeinsamkeiten der Stadtanlagen genauer erkennen und beschreiben. Städtische Siedlungen entstehen in der Regel an strategisch und verteidigungstechnisch günstigen Orten: etwa auf den Kuppen natürlicher Hügel oder auf dem Ende von Höhenrücken in sog. „Spornlage". Die öffentlichen und privaten Gebäude sind auf kleinstmöglichem Raum dicht zusammengedrängt und von einer Umfassungsmauer umgeben, in deren Toren sich in Friedenszeiten das öffentliche Leben abspielt. In der Nachbarschaft des Hauptortes liegen nicht selten kleinere „Tochterstädte", oft ohne Umfassungsmauer. Von besonderem Gewicht ist das Problem der Wasserversorgung. Sie kann durch die Anlage von Zisternen zum Auffangen und Speichern des Regenwassers garantiert werden; z. T. erreichen die Zisternen beträchtliche Größe. Oft aber befindet sich die Siedlung in der Nähe einer Quelle. Um im Falle der Gefahr innerhalb der Umfassungsmauer nicht vom Quellwasser abgeschnitten zu sein, ist man schon früh dazu übergegangen, Tunnel und Schächte anzulegen, die aus der Stadt heraus unterirdisch zur Quelle führen. Schachtanlagen dieser Art sind vor allem aus der Mittleren und Späten Bronzezeit bekannt. Man findet sie z. B. in Jerusalem (der sog. jebusitische Schacht), Megiddo *(Tell el-Mutesellim)*, Gibeon *(el-Ǧīb)*, Gezer *(Tell Ǧezer)*, Jibleam *(Ḫirbet Bel$^{c}$ame)*, Etam *(Ḫirbet el-Ḫōḫ)* und anderwärts.

Seit dem Beginn des 2. Jahrt. v. Chr. setzen schriftliche Nachrichten ein. Sie stammen zunächst ausschließlich aus Ägypten, das seit dem Mittleren Reiche (12. Dynastie) beträchtliches und im Laufe der Zeit wachsendes wirtschaftliches und politisches Interesse an Palästina und Syrien hatte. Daß besonders die Wirtschaftsbeziehungen zu Palästina in diesem Zeitraum intensiv gewesen sein müssen, lassen die literarischen Quellen und archäologischen Funde mit hinreichender Deutlichkeit erkennen. Unsicher dagegen sind — soweit das Mittlere Reich betroffen ist — Grad und Umfang des politischen Interesses am palästinischen Raum. Man kann z. B. nicht sicher sagen, ob und inwieweit lockere Formen ägyptischer Hegemonie in Palästina bestanden haben. Wenn es der Fall war — und die Wahrscheinlichkeit spricht eher dafür als dagegen —, dann dürfte sich die Oberhoheit hauptsächlich auf die palästinischen Küstengebiete gestützt haben, die als Durchgangszone nach Norden für Ägypten seit alters von besonderer Bedeutung waren und blieben. Kriegerische Auseinandersetzungen jedenfalls scheint es zunächst kaum gegeben zu haben. Der auf dem Denkstein eines Offiziers namens Sobek-chu erwähnte Feldzug Sesostris III. (1878—1843), der den Pharao bis in das Herz des samarischen Berglandes nach Sichem *(Śkmm)* führte, bleibt singulär und hinsichtlich seiner Ursachen und Konsequenzen dunkel.

Die ältesten schriftlichen Dokumente bestätigen und vertiefen für die Mittlere Bronzezeit das Bild, das man sich auf Grund archäologischer Beobachtungen bereits für die Frühe Bronzezeit machen muß. Das palästinische Kulturland ist von einem Netz selbständiger kanaanäischer Stadtstaaten überzogen, die auf kleinem und kleinstem Raum nebeneinander leben und fast keine übergreifenden politischen Ordnunnungen kennen, es sei denn von Zeit zu Zeit Koalitionen gegen einen gemeinsamen Gegner. Diese Stadtstaaten sind in der Regel dynastisch verfaßt, mit einem Stadtfürsten an der Spitze; es dürfte jedoch auch gelegentlich aristokratisch-oligarchische Herrschaftsformen gegeben haben. Ernährungsgrundlage des Landes sind hochentwickelter Ackerbau, Obstzucht, Klein- und Großviehhaltung.

Die hauptsächlichen ägyptischen Texte und Textgruppen für Palästina sind die folgenden:

*1. Sinuhe:* ein hoher ägyptischer Beamter, floh aus nicht völlig durchsichtigen politischen Gründen beim Thronwechsel von Amenemhet I. (1991—1961) auf Sesostris I. (1961—1928) ins Ausland. Die im Stil autobiographischer Aufzeichnungen verfaßte „Geschichte des Sinuhe" enthält die älteste ausführliche Beschreibung eines Gebietes, das in Palästina oder allenfalls in Südsyrien gesucht werden muß. Sinuhe war dort Gast eines Fürsten namens *ᶜmmw-nš* (= *ᶜAmmu-anas?*) im „oberen *Rṯnw*". Der Text lautet nach der Berliner Handschrift 81—92: „Es war ein gutes Land; sein Name war *J*ʾʾ. Es gab dort Feigen und Weinstöcke und mehr Wein als Wasser; es war reich an Honig und hatte viel Öl. Allerlei Früchte waren auf seinen Bäumen. Gerste gab es dort und Emmer und unzähliges Vieh ... Man lieferte mir Brote als Tageskost und Wein als tägliches Getränk und gekochtes Fleisch und Geflügel als Braten, abgesehen vom Wild der Wüste. Das fing man in Fallen für mich und legte es mir vor, außer dem, was meine Hunde noch brachten. Man bereitete mir viele Süßigkeiten, und Milch war in allem, was gekocht wurde." Da für einen Ägypter das Ausland das Elend ist, haben diese schlaraffenähnlichen Zustände Sinuhe freilich nicht gehindert, gegen Ende seines Lebens eine Art politischer Amnestie zu erbitten und heimzukehren.

*2. Ächtungstexte:* Namen feindlicher Fürsten, Völker, Städte und Dinge auf rituell zerbrochenen Tongefäßscherben und Gefangenenstatuetten des 19.—18. Jh. v. Chr. Diese Texte sind von beträchtlicher Bedeutung für die Siedlungsgeographie Palästinas. Sie spiegeln die Gefahrenzonen des ägyptischen Mittleren Reiches in Palästina und Südsyrien und lassen die Verteilung und Anordnung der dynastischen Herrensitze in den Umrissen erkennen. Für Palästina ergibt sich, unter Verzicht auf Einzelheiten, folgendes Bild: in der Bucht von Akko die Ortschaften Akko *(ᶜAkkā)*, Achsaph, Mišʾāl, viell. Aphek *(Tell Kerdāne?)*, Rehob. Ḫalī (vgl. Jos. 19, 25 ff.); im oberen Jordangraben ᶜIjjōn (im *Merǧ ᶜAyyūn)*, Abel Beth-Maacha *(Ābil el-Qamḥ)*, Lais *(Tell el-Qāḍī)*, Hazor *(Tell Waqqāṣ)*, Beth-Schemesch (*Tell ᶜAbēdīye* südl. des Sees von Tiberias), Pella *(Ṭabaqāt Faḥil)*; in der Ebene von Megiddo die Ortschaft *Šamḫūna* (so Amarnabrief 225, heute *Sēmūnye*). Im südlichen Teil der Küstenebene ist nur Askalon genannt; von größeren Ortschaften auf dem Gebirge nur Sichem und wahrscheinlich Jerusalem. Das galiläische Gebirge fehlt völlig; die Stadtstaaten liegen durchweg in den Ebenen rund um das Bergland. Dieses Bild wird durch archäologische Beobachtungen bestätigt, nach denen die Kanaanäer bei der Besiedlung des Landes in der Bronzezeit die palästinischen Gebirgsgegenden weitgehend mieden. Die Gebirge waren noch stärker bewaldet, und zu mühsamer Rodungsarbeit bestand kein Anlaß, solange in den Ebenen genügend Platz zur Einrichtung und Erhaltung stadtstaatlicher Gemeinwesen vorhanden war. Das auffallende Zurücktreten des Südens in den Ächtungstexten, vor allem der Küstenebene, darf nicht zu vorschnellen Schlüssen verführen: Von dort drohte Ägypten wahrscheinlich keine Gefahr; vielleicht bestand in diesen Gebieten sogar ägyptische Hegemonie. Auch das Ostjordanland ist nur spärlich vertreten (Astarot = *Tell ᶜAštara* bei *Šēḫ Saᶜd*, *Buṣrūna* nach Amarnabriefen 197/199 = viell. *Boṣra eski Šām* im *Ḫaurān* oder *Buṣr el-Ḥarīri)*, obwohl es dort bis hinab zum Arnon und weiter ins spätere Edomiterland hinein zahlreiche früh- und mittelbronzezeitliche Siedlungen gegeben hat. Der Grund dafür liegt eindeutig im Charakter der Ächtungstexte: Das Ostjordanland hat offenbar nicht ernstlich als Gefahrenzone des ägyptischen Mittleren Reiches gelten können. Mehrfach wird in den Texten für ein und dasselbe Gebiet eine territoriale Unterscheidung gemacht: Es gibt ein „oberes" und ein „unteres", öfter noch ein „südliches" und ein „nördliches" Herrschaftsgebiet, beide in der Gewalt verschiedener Fürsten. Dieser Umstand hängt möglicherweise mit der sich aus der syrisch-arabischen Wüste kontinuierlich vollziehenden nomadischen Einwanderung und Seßhaftwerdung zusammen, von der auch bei Sinuhe Spuren beobachtet werden können.

Der äußere Anstoß zum Zusammenbruch des Mittleren Reiches ist von Syrien und Palästina ausgegangen. Sehr wahrscheinlich waren es die Herren der in den Ächtungstexten genannten Gefahrenzonen, die angesichts des Niedergangs der Macht und der inneren Stabilität des ägyptischen Staatswesens nachstießen und schließlich, gestützt auf längst eingewanderte semitische Bevölkerungselemente, in Ägypten die Herrschaft der „Hyksos" (= Fremdlandherrscher) errichteten. Für die Hyksoszeit existieren keine auf Palästina und Syrien bezüglichen literarischen Nachrichten. Zu Beginn des 16. Jh. v. Chr. endete die Hyksosherrschaft im Zuge der planvollen Emanzipations- und Expansionsbestrebungen der thebanischen Herrscher der 17. und 18. Dynastie. Die Pharaonen stießen ihrerseits auf palästinisch-syrisches Gebiet nach; Thutmoses I. (1528—1510) gelangte bis an den Euphrat. Seit dieser Zeit haben starke ägyptische Herrscher — Thutmoses III. (1490 bis 1436), Sethos I. (1309—1291), Ramses II. (1290—1224) — ein System ägyptischer Oberhoheit in Palästina und Südsyrien etabliert, das erst im 12 Jh. unter den Schlägen der Seevölkerbewegung zugrunde gegangen ist. Die Ägypter arrangierten sich in Vorderasien zunächst mit dem Großreich Mitanni, später mit dem der kleinasiatischen Hethiter, und schufen im Verein mit diesen Großmächten ein Gleichgewicht der politischen Kräfte, das das Gesicht des Vorderen Orients in der 2. Hälfte des 2. Jahrt. v. Chr. wesentlich bestimmt hat. Die Formen der ägyptischen Hegemonie in Palästina und Südsyrien sind in der Zeit des ägyptischen Neuen Reiches ziemlich locker gewesen. Die Pharaonen begnügten sich in der Regel mit der Vasallität der kanaanäischen Dynasten und richteten an der Küste Flotten- und im Hinterland Militärstützpunkte ein, die unmittelbarer pharaonischer Verwaltung unterstanden. Diese relativ milden Formen der Oberhoheit führten zu ständigen Unruhen in den abhängigen Gebieten, die die Pharaonen zwangen, wieder und wieder mit Heeresmacht in Palästina und Syrien aufzutreten, um die Vasallen zur Ordnung zu rufen. So entwickelte sich die palästinisch-syrische Landbrücke zum Gradmesser der außenpolitischen Stärke oder Schwäche des ägyptischen Neuen Reiches.

In dieser Epoche fließen die literarischen Quellen für Palästina und Syrien überreich; man gewinnt aus ihnen ein zuverlässiges, detailliertes, wenn auch gelegentlich schwankendes Bild. An erster Stelle stehen die offiziellen Annalen und Feldzugsberichte der Pharaonen, vorab Thutmoses III., Amenophis II., Sethos I. und Ramses II.; es folgen Beute- und Eroberungslisten mit Hunderten palästinischer und syrischer Ortsnamen an den Wänden ägyptischer Tempel, hauptsächlich in Theben. Von besonderem Gewicht sind die Briefe syrischer und palästinischer Vasallen aus dem Archiv von *Tell el-Amarna*, der Hauptstadt des Ketzerkönigs Amenophis IV. Echnaton; sie sind nicht nur unschätzbare Quellen für die politische Geschichte Palästinas und Syriens im 14. Jh. v. Chr., sondern auch für die historische Geographie. Hinzu kommen zahllose Texte verschiedener Gattungen, darunter auch der enzyklopädischen Weisheitsliteratur (die sog. Onomastika). Demgegenüber sind die Nachrichten aus Nordsyrien und Mesopotamien (Ugarit, Alalaḫ und für die Mittlere Bronzezeit die Briefe aus Mari am mittleren Euphrat) von geringerer Bedeutung.

Was das spätbronzezeitliche Palästina betrifft, so ergibt sich ein zwar differenzierteres, im wesentlichen aber gleichartiges Bild wie für die Mittlere und Frühe Bronzezeit. Es stellt sich, grob skizziert, wie folgt dar:

1. Dynastisch oder aristokratisch verfaßte Stadtstaaten im Vasallitätsverhältnis gegenüber Ägypten, gelegentlich unter Anwesenheit

ägyptischer Repräsentanten (z. B. in den Militärstützpunkten). Die hauptsächlichen, immer wieder genannten Orte sind: in der Küstenebene Akko, Mišʾāl, Achsaph; im oberen Jordangraben Hazor, Kinnereth *(Tell el-ᶜOrēme)*; in der Ebene von Megiddo *Šamšūna*, Taanach, Megiddo; in der Bucht von Beth-Schean Hammat, Rehob, Beth-Schean; auf dem westjordanischen Gebirge Sichem, Jerusalem; im Hügelland Gezer, Lachisch *(Tell ed-Duwēr)*.

2. Ortschaften unter unmittelbarer pharaonischer Verwaltung (seit Thutmoses III.), vor allem Flottenstützpunkte: Gaza *(Ġazze)*, Askalon *(ᶜAsqalān)*, Japho *(Yaffā)*, Dor *(el-Burǧ* bei *eṭ-Ṭanṭūra)* — jeweils ca. 65 km voneinander entfernt. Es ist zu vermuten, daß diese Linie sich nach Norden fortsetzt; sie dürfte am Nordrande des ägyptischen Einflußgebietes, d. h. in der Gegend des Eleutherosflusses *(Nahr el-kebīr)* aufgehört haben.

Wiederum sind es in erster Linie die Ebenen, nicht die bewaldeten Gebirgsgegenden, in denen kanaanäische Stadtstaaten dichtgedrängt beieinander liegen. Die Küstenebene steht in besonderem Maße unter ägyptischem Einfluß; sie ist Durchgangs- und Operationsgebiet der ägyptischen Heeres- und Flottenverbände auf dem Wege nach Norden. Das Ostjordanland fällt weitgehend aus. Dort ist zwar keineswegs mit dem Erlöschen, wohl aber mit einem Rückgang der Besiedlung in der Späten Bronzezeit zu rechnen. Überdies hatte das Ostjordanland für die Außenpolitik des ägyptischen Neuen Reiches, wenn überhaupt, nur ephemäre Bedeutung.

Das Ende des ägyptischen und des hethitischen Neuen Reiches kam mit der sog. Seevölkerbewegung, die seit dem 14. und 13. Jh. v. Chr. von der ägäischen Inselwelt aus zu Wasser und zu Lande die Küstengebiete des Vorderen Orients heimsuchte. Zu den Seevölkern gehörten die Philister; sie wurden wahrscheinlich von Ramses III. (1182 bis 1152) oder einem seiner Nachfolger im Zuge der ägyptischen Abwehrpolitik als Militärkolonen in der palästinischen Küstenebene angesiedelt. Die Philister traten in vorgängige politische Gebilde ein — z. T. in Ortschaften mit ehemaliger pharaonischer Verwaltung, z. T. in alte kanaanäische Stadtstaaten — und schufen sich alsbald eine übergreifende politische Ordnung in Gestalt eines Fünfstädtebundes (Pentapolis) aus Gaza, Askalon, Asdod, Ekron und Gath. Mit der Seevölkerbewegung und den von ihr ausgelösten oder doch beförderten lebhaften Handelsbeziehungen zur griechischen Inselwelt dürfte auch der Einstrom kretisch-mykenischer Keramik und der Import bzw. die Imitation von Gebrauchs- und Kunstgegenständen gleicher Herkunft zusammenhängen.

*Literatur zu Sinuhe:* A. Alt, Die älteste Schilderung Palästinas im Lichte neuer Funde. PJB 37 (1941) 19—49. — *Zu den Ächtungstexten:* K. Sethe, Die Ächtung feindlicher Fürsten, Völker und Dinge auf altägyptischen Tongefäßscherben des Mittleren Reiches. APAW 1926, Nr. 5 (Phil.-hist. Klasse). — G. Posener, Princes et pays d'Asie et de Nubie. Textes hiératiques sur des figurines d'envoûtement du Moyen Empire (1940). — A. Alt, Die asiatischen Gefahrzonen in den Ächtungstexten der 11. Dynastie (1927). Kl. Schriften 3 (1959) 49—56. — Ders., Herren und Herrensitze Palästinas im Anfang des 2. Jahrt. v. Chr. (1941). Kl. Schriften 3 (1959) 57—71. — *Zu den Amarnabriefen:* J. A. Knudtzon, Die El-Amarna-Tafeln. 2 Bde. (1915, Nachdruck 1964). — F. Thureau-Dangin, RA 19 (1922) 91—108. — W. F. Albright, The Amarna Letters from Palestine. CAH II, 20 (1966). — *Zu den Seevölkern:* P. Mertens, Les Peuples de la Mer. Chronique d'Égypte 35 (1960) 65—88. — D. Barnett, The Sea Peoples. CAH II, 28 (1969). — *Ägypten und die palästinisch-syrische Landbrücke:* J. Simons, Handbook for the Study of Egyptian Topographical Lists Relating to Western Asia (1937). — M. Noth, Die Topographie Palästinas und Syriens im Licht ägyptischer Quellen (1937 bis 1943). ABLAK 2 (1971) 1—132. — W. Helck, Die Beziehungen Ägyptens zu Vorderasien im 3. und 2. Jahrt. v. Chr. (1971²). — A. Alt, Neues über Palästina aus dem Archiv Amenophis' IV. (1924). Kl. Schriften 3 (1959) 158—175. — Ders., Zur Geschichte von Beth-Sean 1500—1000 v. Chr. Kl. Schriften 1 (1953) 246—255. — Ders., Völker und Staaten Syriens im frühen Altertum (1936). Kl. Schriften 3 (1959) 20—48. — Ders., Ägyptische Tempel in Palästina und die Landnahme der Philister (1944). Kl. Schriften 1 (1953) 216—230. — Ders., Hettitische und ägyptische Herrschaftsordnung in unterworfenen Gebieten. Kl. Schriften 3 (1959) 99—106. Ders., Das Stützpunktsystem der Pharaonen an der phönikischen Küste und im syrischen Binnenland (1950). Ebenda 107—140. — Ders., Syrien und Palästina im Onomastikon des Amenope (1950). Kl. Schriften 1 (1953) 231—245. — Ders., Die Herkunft der Hyksos in neuer Sicht (1954). Kl. Schriften 3 (1959) 72—98. — D. B. Redford, The Hyksos Invasion in History and Tradition. Or 39 (1970) 1—51. — *Weitere Arbeiten (Auswahl):* R. Amiran, The Pottery of the Middle Bronze Age I in Palestine. IEJ 10 (1960) 204—225. — E. Anati, Palestine Before the Hebrews (1961). — A. K. Dajani, Transportation in Middle Bronze Periods. ADAJ 8 f. (1964) 56—67. — J. Smolian, Studien zur Entstehung und Ausbreitung des Wagens. Epigraph.-archäol. Zeitschr. 5 (1964) 1—38. — H. E. Kassis, The Ceramic Chronology of the Late Bronze Age in Palestine (Diss. Harvard 1965). — M. Guzzo Amadasi, L'iconografia del carro da guerra in Siria e Palestina. Studi Semitici 17 (1965). — W. G. Dever, The Pottery of Palestine in the Early Bronze IV/Middle Bronze I Period, ca. 2150—1850 B.C. (Diss. Harvard 1965 f.). — J. Mellaart, The Chalcolithic and Early Bronze Ages in the Near East and Anatolia (1966). — M. Kochavi, The Settlement of the Negev in the Middle Bronze I Age. (hebr.) (Diss. Jerusalem 1967). — P. J. Parr, The Origin of the Rampart Fortification of Middle Bronze Age in Palestine and Syria. ZDPV 84 (1968) 18—45. —

B. Mazar, The Middle Bronze Age in Palestine. IEJ 18 (1968) 65—97. — W. G. Dever, The „Middle Bronze I" Period in Syria and Palestine. Festschrift N. Glueck (1970) 133—163. — P. W. Lapp, Palestine in the Early Bronze Age. Festschrift N. Glueck (1970) 101—131. — L. M. Artzy, The Origin of the Palestinian Bichrome Ware (Diss. Brandeis Univ. 1972). — J. D. Muhly, Copper and Tin. The Distribution of Mineral Sources and the Nature of the Metals Trade in the Bronze Age (1973). — E. D. Oren, The Early Bronze IV Period in Northern Palestine and Its Cultural and Chronological Setting. BASOR 210 (1973) 20—37. — Ders., The Overland Route Between Egypt and Canaan in the Early Bronze Age (Preliminary Report). IEJ 23 (1973) 198—205. — A. Ben-Tor, Plans of Dwellings and Temples in Early Bronze Age Palestine (hebr.). Eretz-Israel 11 (1973) 93—98. — W. G. Dever, The EB IV — MB I Horizon in Transjordan and Southern Palestine. BASOR 210 (1973) 37—63. — M. Dothan, The Foundation of Tel Mor and Ashdod. IEJ 23 (1973) 1—17. — L. M. Artzy, The Late Bronze „Palestinian" Bichrome Ware in Its Cypriote Context. Alter Orient u. AT 22 (1973) 9—16. — J. Kaplan, Further Aspects of the Middle Bronze Age II Fortifications in Palestine. ZDPV 91 (1975) 1—17. — S. W. Helms, Posterns in Early Bronze Age Fortifications of Palestine. PEQ 107 (1975) 133—150.

## § 9: Das israelitische Zeitalter

Der Übergang von der Späten Bronzezeit zur Ersten Eisenzeit ist in Palästina durch den Zustrom zweier neuer Bevölkerungselemente bestimmt: der Philister und der Israeliten. Die philistäische Landnahme hat sich etwas früher vollzogen als die israelitische. Die Ebenen Palästinas waren von den alten kanaanäischen Stadtstaaten und von den Philistern überwiegend besetzt, bevor jene Gruppen ins Land kamen, die sich dann als „Israel" konstituierten.

Die israelitische Landnahme steht im Zusammenhang mit der sog. aramäischen Völkerwelle, die nichts anderes ist als ein besonders kräftiges Ausschwingen des Pendels der nomadischen Transhumanz in die Länder des „fruchtbaren Halbmondes". Bereits im 13.—12. Jh. v. Chr. scheinen im Ostjordanland die Ammoniter, Moabiter und Edomiter Fuß gefaßt zu haben; sie gelangten alsbald zur Errichtung monarchisch verfaßter Staatswesen und sind von Israel stets als Verwandte betrachtet worden (vgl. für Ammon und Moab Gen. 19, 30 ff.; für Edom Gen. 27. 32. 33). Ähnliches gilt von den Aramäern im syrischen Norden, denen der Schritt zur Staatenbildung etwas später gelang. Sie brachten es freilich nicht zu einem territorial einheitlichen, nationalen Staatsgebilde, sondern nur zu einer Reihe kleinerer aramäischer Flächen- und Stadtstaaten mit wechselnden Hegemonieverhältnissen. In der

Regel vollzog sich die Aramaisierung so, daß die Aramäer in die alten kanaanäischen Staaten des Nordens eintraten und die kanaanäische oder hethitische Führerschicht ablösten. Für die zur aramäischen Bevölkerungsgruppe gehörenden israelitischen Stämme blieb, abgesehen von geringen Teilen des Ostjordanlandes, das westjordanische Gebirge. Dort hat sich die Landnahme zuerst vollzogen, langsam und in Stufen, zu Anfang anscheinend ohne ernsthafte Berührung mit den Kanaanäern in den Ebenen. Israel wich den Einheimischen aus, ging in die Gebirgsgegenden, rodete den Wald und gründete nach und nach Ortschaften (עָרִים „Dörfer"; die befestigten Städte der Kanaanäer heißen gewöhnlich עִיר חוֹמָה „ummauerter Ort"). Auch die relativ wenigen kanaanäischen Siedlungen auf dem Gebirge hat Israel zunächst nicht angetastet; sie lagen nicht selten an der Grenze zweier israelitischer Stammesgebiete (z. B. Jerusalem, Bethel, Sichem).

Über die Landnahme der Stämme Israels berichtet das Buch Josua. Es hat den sich über längere Zeit hinziehenden, sukzessiven, im ersten Stadium friedlichen Vorgang gerafft, nationalisiert und generalisiert. Nach dem Buche Josua ziehen alle zwölf Stämme Israels gleichzeitig unter der Führung des Ephraimiten Josua ins Land, überrennen und erobern nahezu unterschiedslos alle Gegenden Palästinas und teilen sie durch das Los unter sich auf. Diese Darstellung steht den Ereignissen fern, ist sekundär und — vor allem im ersten Teile des Buches (Jos. 2—12) — ätiologisch. Dabei sind ursprünglich einmal selbständig gewesene Einzelsagen überwiegend benjaminitischer Herkunft zusammengeordnet und um zwei Digressionen — nach dem Süden (Jos. 10) und nach dem hohen Norden (Jos. 11) — erweitert worden. Dadurch sollte das Bild vermittelt werden, ganz Israel habe ganz Palästina militärisch erobert. Diese Konsequenz konnte freilich erst gezogen werden, als ganz Palästina tatsächlich israelitisch geworden war, d. h. in der Zeit Davids und Salomos, und danach nur noch im Sinne eines Postulates, eines theoretischen Anspruches. Die deuteronomistischen Leitabschnitte Jos. 1/23/11, 16—20 lassen deutlich erkennen, daß der Territorialbestand des davidischen Großreiches in die Landnahmezeit zurückprojiziert worden ist: Jahwe mußte den Stämmen jenes über die Grenzen Palästinas hinausgreifende Riesengebiet bereits zugewiesen haben, das David dann beherrschte. So ist die geschichtliche Wirklichkeit der israelitischen Landnahme einer Theorie von der Landnahme geopfert worden. Das gilt weitgehend auch von den Grenzbeschreibungen und Ortslisten der 2. Hälfte des Josuabuches (Jos. 13—22). Sie spiegeln zumindest ein spätes, fortgeschrittenes Stadium der Landnahme; einige stammen überhaupt erst aus der israelitischen Königszeit oder aus noch späteren Epochen und sind in die Landnahmezeit hinaufdatiert worden. Man erkennt unbeschadet der Existenz alter, zuverlässiger Nachrichten das Bemühen, im Laufe der Zeit durch Bearbeitungen und Kombinationen den territorialen Besitzstand der Stämme immer genauer zu erfassen, d. h. aus der Kargheit der Überlieferung zu einer exakten, freilich fiktiven Stämmegeographie zu gelangen. Den Ereignissen wesentlich näher steht Ri. 1, 19. 21. 27—35: das sog. „negative Besitzverzeichnis", ein Verzeichnis jener Ortschaften, die die Israeliten zunächst nicht hatten besiedeln können und die erst im Zeitalter der Staatenbildung unter israelitische Botmäßigkeit gelangten. Aus diesem Verzeichnis ist der Besitzstand der Stämme vor der Staatenbildung besser zu rekonstruieren als mit Hilfe späterer Territorialtheorien. Folgende Gebiete und Orte entzogen sich dem Zugriff der israelitischen Stämme: die Küstenebene (Juda); Jerusalem (Benjamin); Beth-Schean, Taanach, Jibleam, Megiddo, Dor (Manasse); Gezer (Ephraim); Kitron, Nahalol (Sebulon); Akko, Sidon, Mechalleb, Achzib, Aphek, Rehob (Asser); Beth-Schemesch, Beth-Anath (Naphtali); Har-Cheres, Ajjalon, Saalbim (Dan). Aus dieser unvollständigen Liste überwiegend lokalisierbarer Ortschaften ergibt sich zunächst, daß das Siedlungsland der israelitischen Stämme hauptsächlich im Gebirge gelegen haben muß; die nicht eroberten Orte befinden sich zumeist in den Ebenen. Es ergibt sich ferner, daß das Stämmegebiet durch zwei große, ost-westlich verlaufende Querriegel kanaanäischer Städte getrennt war: 1. im Norden Beth-Schean, Taanach, Jibleam, Megiddo, Dor; 2. im Süden Jerusalem, Ajjalon, Gezer, Har-Cheres, wohl auch Saalbim. Zum südlichen Querriegel gehörten zwar nicht nach Ri. 1, aber nach Jos 9/10 noch folgende Ortschaften: Gibeon *(el-Ǧīb)*, Beeroth *(el-Bīre?)*, Kephira *(Ḫirbet Kefīre)* und Kirjath-Jearim *(Dēr el-Azhar)*. Dieser südliche Querriegel ist von besonderer Bedeutung, da er aus dem Hügelland bis auf das Gebirge hinaufreicht, sich im Gegensatz zum nördlichen nicht mit landschaftlichen Gegebenheiten (Ebene von Megiddo) deckt und damit das gewissermaßen natürliche Siedlungsgebiet der zentralpalästinischen Stämme in zwei Hälften zerschneidet. Er hat im Zeitalter der Staatenbildung eine große Rolle gespielt und ist für die historische Geographie Palästinas überhaupt von beträchtlichem Gewicht.

Unter Verzicht auf Einzelheiten, die das hier zu zeichnende möglichst übersichtliche Bild eher verwirren würden, aber unter kritischer Verwendung der zumeist späteren Grenzbeschreibungen und Ortslisten des Buches Josua, stellt sich das Siedlungsgebiet der Stämme Israels wie folgt dar:

*1. Simeon:* Simeon hat wahrscheinlich zusammen mit Levi einen frühen vergeblichen Landnahmeversuch in der Gegend von Sichem unternommen, der mit einer Katastrophe endete (Gen. 34). Davon haben sich beide Stämme nicht mehr erholt. Levi ist aus der Reihe der landsuchenden und landnehmenden Stämme ganz ausgeschieden. Simeon führte ein halbnomadisches Leben im Süden von Beerseba (Jos. 19, 1—9); es hat den Anschein, als werde der Stamm überhaupt nur noch wegen der Theorie des Zwölfstämmebundes mitgezählt. Er ist wohl alsbald in „Großjuda" aufgegangen.

*2. Juda:* bewohnte das judäische Gebirge, von dem der Stamm seinen Namen hat, und einen Teil des Hügellandes, ungefähr zwischen Jerusalem und Hebron, doch zunächst ohne diese beiden Städte (Jos. 15). Zwischen Juda und Simeon liegen die Weide- und Siedlungsgebiete der Kalibbiter, Kenizziter, Keniter, Othnieliter und Jerachmeeliter, die nicht zum Verbande der zwölf Stämme gehörten, aber im Laufe der Geschichte langsam in Juda aufgegangen sind.

*3. Benjamin:* Das benjaminitische Territorium, neben Dan das kleinste aller israelitischen Stammesgebiete, bildet ein Dreieck von der Wasserscheide des judäischen und samarischen Gebirges hinunter zum Jordangraben mit der Spitze in Jericho (Jos. 18, 11 ff.). Die Schmalseite des Dreiecks ist eine Linie zwischen Jerusalem und Bethel.

*4. Dan:* Der erste Landnahmeversuch des Stammes Dan führte in die Gegend westlich von Benjamin an den Übergang zwischen Gebirge und Hügelland (Ri. 1, 34 f.; 13—16), d. h. in das Territorium des südlichen kanaanäischen Querriegels. Dieser Versuch mißlang. Der Stamm wurde nach Norden abgedrängt und besetzte das Gebiet in der und um die Stadt Lais/Dan *(Tell el-Qāḍī)* im oberen Jordangraben (Ri. 18; Jos. 19, 40—48; Num. 34, 7—11). Der Stamm ist gewissermaßen zur Stadt geworden: ein Ausnahmefall der israelitischen Landnahme.

*5. Joseph:* Das Siedlungsgebiet des „Hauses Joseph" liegt auf dem samarischen Gebirge zwischen Bethel und der Ebene von Megiddo (Jos. 16—17). Der Stamm bildet einen Verband aus zwei von Haus aus selbständigen Unterabteilungen: Ephraim im Süden und Manasse im Norden; die Grenze zwischen beiden verläuft ca. 5—10 km südlich von Sichem. Manasse ist eine Symbiose mit Kanaanäerstädten eingegangen (Ri. 9; 1. Chron. 5, 23 ff.; 7, 14 ff.); das Resultat war eine siedlungsgeographische Gemengelage. Zuerst Ephraim, dann nach freilich unsicherer Überlieferung auch Manasse, haben vom Westjordanland aus ins Ostjordanland übergegriffen und Kolonisationsarbeit in „Gilead" geleistet (Jos. 13, 29—32; Ri. 12, 4).

*6./7. Issachar und Sebulon:* Diese beiden Stämme in Untergaliläa und einem Teile der Bucht von Beth-Schean gehören eng zusammen (Jos. 19, 10—23); ihre Grenze verläuft auf der Höhe des Tabor *(Ǧebel eṭ-Ṭōr)*, der in der Frühzeit wohl auch gemeinsames Heiligtum gewesen ist (Dt. 33, 18 f.; Hos. 5, 1). Issachar bewohnte den Südostteil des Gesamtgebietes. Um in der Bucht von Beth-Schean Fuß fassen zu können, begab sich der Stamm in die Botmäßigkeit der dortigen Kanaanäerstädte und verlor damit weitgehend seine Selbständigkeit (Gen. 49, 14 f.). Sebulon saß im Westteil des untergaliläischen Gebirges; seine Wohnsitze reichten zunächst nicht in die Bucht von Akko hinein.

*8. Asser:* Das Stammesgebiet von Asser liegt nördlich von Sebulon auf der Westseite des galiläischen Gebirges (Jos. 19, 24—31). Asser besiedelte das landschaftliche Gefälle zur Küstenebene der phönikischen Handelsmetropolen, in deren Botmäßigkeit er zeitweise geraten zu sein scheint (Gen. 49, 20).

*9. Naphtali:* siedelte im östlichen Obergaliläa nordwestlich des Sees von Tiberias und im oberen Jordangraben (Jos. 19, 32—39).

Im Ostjordanland waren weite Gebiete bereits besetzt und konnten für israelitische Stämme nicht in Betracht kommen: Das Gebiet zwischen Hermon und Yarmuk war aramäisch, das Gebiet am oberen Jabboklauf und in der östlichen *Belqā* gehörte Ammon, und im Gebiet auf der Ostseite des Toten Meeres bis zum Zered wohnten die Moabiter oder hatten dort zumindest ihre Interessensphäre. Es blieb der Westabfall der ostjordanischen Gebirgstafel zum Jordangraben. Teile dieses Territoriums waren von westjordanischen Ephraimiten kolonisiert worden (das alte Land Gilead = *Arḍ el-ᶜArḍe* südl. des Jabbokunterlaufes). Das traditionelle Bild der Verteilung der Stämme im Ostjordanland beruht auf Jos. 13 — einem Text, der mit hoher Wahrscheinlichkeit von Num. 32 abhängig ist und theoretische Stämmegeographie vermittelt. Die von der Überlieferung angenommene Besiedelung des *ᶜAǧlūn*-Gebirges durch „Halbmanasse" ist problematisch; doch werden im Laufe der Zeit auch dort israelitische Gruppen Fuß gefaßt haben. Für Gad und Ruben ist mit einer Differenz zwischen tatsächlichem Siedlungsgebiet und späterer Beschreibung zu rechnen.

*10. Gad:* siedelte nach Jos. 13, 24—28 in der westlichen *Belqā*, südlich des Jabboklaufes bis zu einer gedachten Linie auf der Höhe des Nordendes des Toten Meeres. In Wirklichkeit dürfte das gaditische Gebiet zwischen *Wādi Zerqā Māᶜīn* und Arnon mit den Hauptorten Dibon *(Ḏībān)* und Atarot *(ᶜAṭṭārūs)* gelegen haben; vgl. bes. Inschrift des Mešaᶜ von Moab KAI 181, 10 und Num. 32, 34 f.

*11. Ruben:* soll zunächst im Westjordanland Fuß zu fassen versucht haben (Num. 26, 6. 21; Jos. 15, 6; 18, 17). Der Stamm sei dann nach

Osten abgedrängt worden und habe unbeständige Wohnsitze in der südlichen *Belqā* zwischen dem Nordende des Toten Meeres und dem Arnon genommen (Jos. 13, 15—23), dem traditionellen Interessengebiet der Moabiter. Diese herkömmliche Auffassung ist jedoch zweifelhaft. Nach dem Grundbestand von Num. 32 bewohnten die Rubeniten wahrscheinlich das Umland der noch nicht lokalisierten Stadt Ja$^{c}$zer (32, 1. 16); ihr Siedlungsgebiet befand sich im Raum nördlich des *Wādi Zerqā Mā$^{c}$īn* (32, 37 f.).

*12. Levi:* ist nach dem Ereignis von Gen. 34 aus dem Kreise der landnehmenden Stämme ausgeschieden und Priesterstamm geworden. Jos. 13, 33: „Dem Stamme der Leviten jedoch verlieh Josua keinen Erblehensbesitz. Jahwe, der Gott Israels, der ist ihr Erblehensbesitz, wie er ihnen verheißen hat."

Wie stark sich bereits in der Landnahme- und der folgenden Richterzeit Grundtatbestände der historischen Geographie des israelitischen Zeitalters herausgebildet haben, lehrt ein Blick auf das Deboralied in Ri. 5. An der Schlacht in der Ebene von Megiddo, bei der der nördliche kanaanäische Querriegel gegen Israel aktiv wurde, nahmen teil: Benjamin, Ephraim, Manasse, Issachar, Sebulon und Naphtali. Die Stämme Ruben, Gad, Dan und Asser werden getadelt, weil sie aus unterschiedlichen Gründen nicht teilnahmen, obwohl sie dazu verpflichtet gewesen wären. Kein Wort verlautet von Juda und Simeon, als ob diese Stämme überhaupt nicht zum Zwölferverbande gehört hätten. Das mag auf Simeon der Sache nach zutreffen, nicht jedoch auf Juda. Der südliche kanaanäische Querriegel ist offenbar eine stärkere historisch-geographische Trennungslinie gewesen als die physikalisch-geographische des Jordangrabens.

*Literatur:* A. Alt, Die Landnahme der Israeliten in Palästina (1925). Kl. Schriften 1 (1953) 89—125. — Ders., Erwägungen über die Landnahme der Israeliten in Palästina (1939). Ebenda 126—175. — Ders., Eine galiläische Ortsliste in Jos. 19. ZAW 45 (1927) 59—81. — Ders., Das System der Stammesgrenzen im Buche Josua (1927). Kl. Schriften 1 (1953) 193—202. — A. Saarisalo, The Boundary Between Issachar and Naphtali (1927). — K. Elliger, Die Grenze zwischen Ephraim und Manasse. ZDPV 53 (1930) 265—309; auch JPOS 18 (1938) 7—16. — M. Noth, Die Ansiedlung des Stammes Juda auf dem Boden Palästinas (1934). ABLAK 1 (1971) 183—196. — Ders., Zur historischen Geographie Südjudäas (1935). ABLAK 1 (1971) 197—209. — Ders., Studien zu den historisch-geographischen Dokumenten des Josuabuches (1935). ABLAK 1, 229—280. — Ders., Bethel und Ai (1935). ABLAK 1, 210—228. — Ders., Die fünf Könige in der Höhle von Makkeda (1937). ABLAK 1, 281—293. — Ders., Beiträge zur Geschichte des Ostjordanlandes (1941—1959). ABLAK 1, 345—543. — S. Mowinckel, Zur Frage nach dokumentarischen Quellen in Jos. 13—19 (1946). — G. E. Wright, The Literary and Historical Problem of Joshua 10 and Judges 1. JNES 5 (1946) 105—114. — A. H. van Zyl, The Moabites. Pretoria Oriental Series 3 (1960). — M. Noth, Der Hintergrund von Ri. 17—18 (1962). ABLAK 1, 133—147. — K. D. Schunck, Benjamin. Untersuchungen z. Geschichte u. Entstehung eines iraelitischen Stammes. BZAW 86 (1963). — Z. Kallai-Kleinmann, The Tribes of Israel. A Study in the Historical Geography of the Bible (hebr.) (1967). — M. Weippert, Die Landnahme der israelitischen Stämme in der neueren wissenschaftlichen Diskussion. FRLANT 92 (1967). — M. Ottosson, Gilead. Tradition and History (1969). — M. Weippert, Edom. Studien und Materialien z. Geschichte der Edomiter auf Grund schriftlicher und archäologischer Quellen (Diss. Tübingen 1971). — Sh. Yeivin, The Israelite Conquest of Canaan. Publications de l'Institut historique et archéologique néerlandais de Stamboul 27 (1971). — M. Wüst, Untersuchungen zu den siedlungsgeographischen Texten des AT. I. Ostjordanland. Beihefte z. Tübinger Atlas des Vorderen Orients, B 9 (1975).

An der Wende vom 2. zum 1. Jahrt. v. Chr. konstituierte sich gegen den Druck der philistäischen Stadtstaaten das erste israelitische Staatswesen unter dem Benjaminiten Saul, ein nationales Heerkönigtum, dessen einzige Funktion darin bestand, der philistäischen Bedrohung wirksam zu begegnen (1. Sam. 8—14). Saul residierte in Gibea *(Tell el-Fūl)*, ca. 5 km nördlich von Jerusalem. Über den Territorialbestand dieses Staatsgebildes unterrichtet 2. Sam. 2, 8 f. im Zusammenhang mit dem vom Heerbannfeldmarschall Abner im ostjordanischen Machanaim *(Tell Ḥeǧǧāǧ)* eingesetzten Sohn Sauls Eschbaal: Gilead (d. h. das Ostjordanland, soweit es von israelitischen Gruppen besiedelt war), Asser (vermutlich *pars pro toto* für Galiläa), die Ebene Jesreel (gemeint ist wohl der Anteil der Stämme Sebulon und Issachar), Ephraim (d. h. der Nordteil des zentralpalästinischen Gebirges) und Benjamin. Damit bricht die Aufzählung ab; das Gebiet des Stammes Juda südlich des kanaanäischen Querriegels hat allem Anschein nach nicht zum Reiche Sauls gehört. Das Israel Sauls ist mithin territorial identisch mit dem Israel des Deboraliedes (Ri. 5). Sauls Staatswesen hat seine historische Mission nicht überlebt. Es scheiterte schließlich am Kanaanäerproblem, vor allem an der Existenz des nördlichen kanaanäischen Querriegels, der das galiläische vom samarischen Gebirge trennte (1. Sam. 28; 29; 31).

Abseits vom Reiche Sauls und südlich von dem zwischen Jerusalem und Gezer liegenden kanaanäischen Querriegel begründete David im zweiten Stadium der Staatenbildung das Reich Juda mit dem Zentrum in Hebron (2. Sam. 2, 1—4), d. h. „Großjuda“ unter Einschluß der Bucht von Beerseba. Nach dem Tode Sauls und seines Sohnes Eschbaal wählten die Ältesten Israels David zum König über Israel (2. Sam. 5, 1—3). Das Ergebnis dieses Vorgangs darf nicht dahingehend mißverstanden werden, als habe David Juda und Israel zu einem Einheitsstaat vereinigt. Er beherrschte vielmehr Juda und Israel in Personalunion, ohne die Integrität beider Staaten anzutasten. Die exzentrische Lage von Hebron und das Bestreben, beide Staatswesen von neutralem Territorium aus zu regieren, veranlaßten David nach 7¹/₂jährigem Aufenthalt in Hebron, mit seinen Söldnern Jerusalem zu erobern und dort als Stadtkönig in die Nachfolge der kanaanäischen (jebusitischen) Dynasten einzutreten (2. Sam. 5, 6—12). Jerusalem ist seit dieser Zeit als Domäne im Besitz der davidischen Dynastie verblieben. Das Reich Davids auf dem Boden Palästinas bestand mithin in einer Kumulation selbständiger Staatswesen, seine Herrschaft in einer Kumulation von Kronen auf seinem Haupt. In der Folge machte David die Philister der Küstenebene zu Vasallen (2. Sam. 5, 17 ff.; 8, 1) und löste das Kanaanäerproblem durch konsequenten Verzicht auf das nationalstaatliche Prinzip, indem er die Stadtstaaten der Kanaanäer ihrer politischen Selbständigkeit beraubte und sie in das Gefüge der Reiche Israel und Juda eingliederte (Ri. 1; 2. Sam. 45, 5—7; 1. Reg. 4, 7 bis 19). Damit verloren die beiden kanaanäischen Querriegel ihre ursprüngliche territorialpolitische Funktion, ohne daß sich die durch sie geschaffenen Verhältnisse wesentlich geändert hätten. Die Schwäche der Großreiche des Vorderen Orients am Nil und in Mesopotamien begünstigte ferner den beispiellosen Aufstieg des Reiches Davids zur Großmacht. David griff über die Grenzen Palästinas hinaus und vereinigte in seiner Person die Herrschaft über weite Gebiete der syrisch-palästinischen Landbrücke. Er beherrschte die phönikische Küste bis Sidon (2. Sam. 24, 6), jedoch ohne die befestigte Inselstadt Tyrus (2. Sam. 5, 11), ferner Ammon in Personalunion (2. Sam. 10, 1 bis 11, 1 + 11, 16—27 + 12, 26—31), Moab als Vasallenstaat (2. Sam. 8, 2), Edom als Untertanenland mit Statthaltern (2. Sam. 8, 13 ff.) und die Aramäerstaaten Mittelsyriens (Aram-Ṣōbā und Aram-Damaskus) als Vasallen oder Statthalterschaften (2. Sam. 8, 3—8). Damit erstreckte sich Davids Großreich bis nahezu an den Euphrat (1. Reg. 5, 1; Ps. 72, 8 u. ö.) und entsprach ungefähr dem ägyptischen Hegemonialterritorium der 2. Hälfte des 2. Jahrt. v. Chr. Nach Nordsyrien und an die syrische Mittelmeerküste hat David in bewußter politischer Zurückhaltung nicht übergegriffen (2. Sam. 8, 9 f.).

Das Reich Davids stand und fiel mit seiner Person. Bereits der nach langwierigen Thronfolgewirren zur Regierung gekommene Salomo konnte es nur mit Mühe halten und nicht verhindern, daß Teile an der

Peripherie abzubröckeln begannen: die Aramäer von Damaskus (1. Reg. 11, 23 ff.) und die Phöniker der Küstenebene (1. Reg. 5, 23. 25; 9, 11 ff.). Auch in Edom begann es zu gären (1. Reg. 11, 14 ff.), ohne daß dieser Staat jedoch wieder selbständig geworden wäre. Das palästinische Kernland aus Juda, Israel und Jerusalem blieb allerdings fest in Salomos Hand. Er bemühte sich, es auf Defensive umzustellen. Das lehrt ein Blick auf sein Festungsbauprogramm nach 1. Reg. 9, 15—18: 1. Hazor *(Tell Waqqāṣ)* gegen die Aramäer; 2. Megiddo *(Tell el-Mutesellim)* gegen die Phöniker; 3. Gezer *(Tell Ǧezer)* gegen Philister und Ägypter; 4. Beth-Horon *(Bēt ᶜŪr et-taḫta)* zum Schutz des Anmarschweges aus der Küstenebene nach Jerusalem; 5. Baalath (?) und 6. Thamar (vermutl. *ᶜĒn Ḥaṣb* am Westrand des *Wādi el-ᶜArabā*) gegen die Edomiter. Hinzu kamen „Wagen- und Pferdestädte", d. h. Anlagen für das königliche Streitwagencorps, und „Magazinstädte" für die Speicherung der Naturalabgaben (1. Reg. 9, 19). Innenpolitisch bildete Salomo zwölf Verwaltungseinheiten, die in der sog. Gauliste 1. Reg. 4, 7—19 wie folgt beschrieben werden: 1. das Gebirge Ephraim (d. h. das zentralpalästinische Gebirge zwischen Bethel und der Ebene von Megiddo); 2. fünf Städte im Hügelland: Makaz (?), Saalbim (?), Beth-Schemesch (*er-Rumēle* bei *ᶜĒn Šems*), Ajjalon *(Yālō)*, Beth-Chanan (?); 3. drei Städte im Hügelland: Arubboth (?), Socho *(eš-Šuwēke)*, Chepher (?); 4. das Hügelland von Dor (*el-Burǧ* bei *eṭ-Ṭanṭūrā*); 5. drei Städte in der Ebene von Megiddo und in der Bucht von Beth-Schean: Beth-Schean *(Tell el-Ḥöṣn)*, Taanach *(Tell Taᶜannek)*, Megiddo und zur Begrenzung Zarethan, Abel Mehola, Jokneam; 6. Ramoth in Gilead *(Tell er-Rāmīṯ)*; 7. Machanaim *(Tell Ḥeǧǧāǧ)*; 8. Naphtali; 9. Asser; 10. Issachar; 11. Benjamin; 12. Gad. In dieser Aufzählung sind Juda und der äußerste Süden nicht genannt; die Gaugliederung bezieht sich also auf das Territorium des Nordreiches Israel. Die von David geschaffenen territorialpolitischen Verhältnisse spiegeln sich im Nebeneinander von israelitischen Stammesgauen und kanaanäischen Städtegauen, letztere im Hügelland und in den Ebenen.

*Literatur:* A. Alt, Die Staatenbildung der Israeliten in Palästina (1930). Kl. Schriften 2 (1953) 1—65. — *Zu David:* A. Alt, Jerusalems Aufstieg (1925). Kl. Schriften 3 (1959) 243—257. — K. Elliger, Die Nordgrenze des Reiches Davids. PJB 32 (1936) 34—73. — A. Alt, Das Großreich Davids (1950). Kl. Schriften 2 (1953) 66—75. — K. Kenyon, Jerusalem. Die Hl. Stadt von David bis zu den Kreuzzügen. Ausgrabungen 1961—1967 (1968). — *Zu Salomo:* A. Alt, Israels Gaue unter Salomo (1913). Kl. Schriften 2 (1953) 76—89. — M. Gichon, The Defences of the Solomonic Kingdom. PEQ 95 (1963) 113 ff. — G. E. Wright, The Provinces of Solomon (I Kings 4: 7—19).

Eretz Israel 8 (1967) 58—68. — F. Pintore, I dodici intendenti di Salomone. RSO 45 (1970) 177—207.

Nach dem Tode Salomos wurde die Personalunion zwischen Israel und Juda nicht erneuert (1. Reg. 12); es erfolgte der endgültige Zusammenbruch des von David begründeten Reichsgebildes. Dieses Ereignis war die Stunde der Wiedergeburt eines Systems kleiner Staaten auf dem Boden Palästinas und Syriens, wie es vor David bestanden hatte. Zu diesem System gehörten Israel und Juda, die sich zu konsolidieren und miteinander zu arrangieren hatten. Ihre Grenze festigte sich nach anfänglichen militärischen Auseinandersetzungen (1. Reg. 14, 30; 15, 7. 16—22) dergestalt, daß Mizpa (*Tell en-Naṣbe* am *Wādi Ǧilyān*) und Geba (*Ǧebaᶜ* am *Wādi eṣ-Ṣuwēnīt*) Grenzstützpunkte Judas gegenüber Israel wurden; Mizpa war nach Ausweis der Grabungsergebnisse ursprünglich als israelitische Festung gegen Juda angelegt worden. Die Davididen schlugen das in den Grenzkämpfen gewonnene benjaminitische Gebiet anscheinend nicht zu Juda, sondern zum Territorium des Stadtstaates Jerusalem (2. Reg. 23, 5). Im Hügelland jedoch kam der 2. salomonische Gau teilweise zu Juda. Diese Grenzziehung ist bis zum Untergang beider Staaten und darüber hinaus im wesentlichen unverändert geblieben.

*A. Juda:* Der Territorialbestand des Reiches Juda, das den Davididen in Personalunion mit Jerusalem verblieb, läßt sich am besten aus dem Festungsbauprogramm Rehabeams (926/5—910/9), des Sohnes Salomos, ablesen. Es steht in 2. Chron. 11, 5—12 und umfaßt folgende Ortschaften: 1. Bethlehem; 2. Etam *(Ḫirbet el-Ḫōḫ)*; 3. Thekoa *(Ḫirbet Tekūᵃᶜ)*; 4. Bethsur *(Ḫirbet eṭ-Ṭubēqa)*; 5. Hebron *(el-Ḫalīl)*; 6. Ziph (*Tell Zīf* südl. von Hebron); 7. Adoraim (*Dūra* südwestl. von Hebron); 8. Marescha *(Tell Sandaḫanne)*; 9. Lachisch *(Tell ed-Duwēr)*; 10. Adullam *(Ḫirbet eš-Šēḫ Maḏkūr)*; 11. Socho *(eš-Šuwēke)*; 12. Aseka *(Tell Zakarīye)*; 13. Gath *(Tell eṣ-Ṣāfi?)*; 14. Zarea *(Ṣārᶜa)*; 15. Ajjalon *(Yālō)*; 16. Jerusalem. Die Zuweisung dieser Liste an Rehabeam ist bestritten worden; doch sprechen gute Gründe für die Zuverlässigkeit der Überlieferung. Man erkennt eine feste, ringförmig angelegte Kette militärischer Posten auf dem Gebirge und im Hügelland; die Entfernung zwischen den Gliedern des Systems beträgt selten mehr als 5 km. Rehabeam igelte das judäische Kerngebiet ein, wobei die Festungslinie keineswegs mit der Grenzlinie des Reiches Juda identisch sein muß. Mizpa und Geba fehlen ebenso wie die Bucht von Beerseba. Es fehlt freilich auch die Küstenebene, in der sich die Philister wieder selbständig gemacht hatten. Juda besaß also keinen Zugang zum Mittelmeer, nicht einmal zu der in der Küstenebene verlaufenden großen Verbindungs- und Handelsstraße zwischen den Kontinenten Afrika und Asien; es lag verkehrsgeographisch abseits. Dieser Umstand ist von erheblicher Bedeutung für das Verständnis der Geschichte des Reiches Juda. Der Kleinstaat befand sich gewissermaßen in historisch windstiller Lage, die seinen Konservativismus und das zähe Festhalten an der davidischen Dynastie beförderte.

*B. Israel:* Das Territorium des Nordreiches Israel war weitaus vielgestaltiger als das Judas und verkehrsgeographisch ungleich günstiger gelegen. Es hatte Anschluß an das Mittelmeer und an die Küstenebene südlich und nördlich des Karmelgebirges. Israels Lage am Kreuzungspunkt großer Verbindungsstraßen von Süden nach Norden und von Osten nach Westen brachte es freilich mit sich, daß das Gebiet ständig nach allen Seiten verteidigt werden mußte: die Küstenebene südlich des Karmel gegen die Philister (1. Reg. 15, 27; 16, 15: Gibbethon = *Tell el-Melāt*, ca. 5 km südwestl. von Gezer), die Bucht von Akko gegen die Phöniker (1. Reg. 10, 9 f.; 18), das nördliche Ostjordanland gegen die Aramäer (1. Reg. 20+22; 2. Reg. 8, 28 f.; 10, 32 f.; 12, 18 f.; 13, 4 f. 22—25) und das südliche Ostjordanland gegen die Moabiter (2. Reg. 3; Mešaᶜ-Inschrift). Israel stand im Sog der Geschichte; es ist an politischen Ereignissen, die den ganzen Vorderen Orient betrafen, kaum einmal unbeteiligt geblieben. Sein Königtum war labil und wechselhaft, sein Staatsgefüge durch Revolten und Usurpationen ständig gefährdet. Zu Anfang hatte Israel noch nicht einmal eine feste Residenz; vgl. 1. Reg. 12, 25: Sichem *(Tell Balāṭa)*, Pnuel *(Tilāl eḏ-Ḏahab)* und 14, 17: Thirza *(Tell el-Fārᶜa)*. Es hat den Anschein, als sei zumindest Jerobeam I. (927/6—907/6) im Lande umhergezogen, sozusagen von Pfalz zu Pfalz. Erst Omri (878/7—871/0) schuf in Analogie zu Jerusalem den Stadtstaat Samaria *(Sebasṭye)*, der zunächst als Zentrum des kanaanäischen Reichsteils gedacht war, neben Jesreel *(Zerᶜīn)* als israelitischer Residenz (1. Reg. 16, 23 ff.). Nach der Revolte des Heerbannoffiziers Jehu (845/4—818/7; vgl. 2. Reg. 9/10) wurde dieses dualistische Konzept aufgegeben. Samaria war seitdem feste und einzige Hauptstadt des Nordreiches Israel bis zu dessen Untergang und hat darüber hinaus dem Gebirge und der späteren Provinz seinen Namen gegeben.

Eine wesentliche Veränderung dieser Territorialverhältnisse auf dem Boden Palästinas erfolgte erst im Zusammenhang mit dem Erstarken des neuassyrischen Großreiches. Den Großkönigen von Assur gelang es in der 2. Hälfte des 8. und in der 1. Hälfte des 7. Jh. v. Chr., nahezu den gesamten Vorderen Orient unter ihrem Szepter zu vereinigen und ein in der altorientalischen Geschichte bis dahin beispielloses Großreich aufzubauen. Daß dabei die Herrschaft über die palästinisch-syrische Landbrücke von besonderer Bedeutung war, versteht sich von selbst. Natürlich hat sich die assyrische Expansion nicht auf einen Schlag, sondern stufenweise vollzogen. Nach kräftigen, aber auf die Dauer fruchtlosen Ansätzen unter Assurnasirpal II. (884—859), Salmanassar III. (859—824) und Adadnirari III. (809—782) ist Tiglatpileser III. (745—727) zum Vollender des Reiches und zum Schöpfer eines neuen assyrischen Hegemonie- und Administrationssystems aufgestiegen. Tiglatpileser und seine Nachfolger waren nicht gesonnen, die Fehler der Herrschaftsordnung des ägyptischen Neuen Reiches in Palästina und Syrien zu wiederholen. Es ging ihnen nicht darum, die palästinisch-syrischen Kleinstaaten durch mehr oder weniger lockere Vasallitätsverhältnisse an sich zu binden, sondern sie endgültig und unwiderruflich zu okkupieren. Zu diesem Zwecke bedienten sich die Großkönige seit Tiglatpileser III. eines Systems der stufenweisen Vernichtung der politischen Selbständigkeit der Kleinstaaten mit dem Ziel ihrer Einverleibung in das Provinzialgefüge des assyrischen Reiches. Die Kleinstaaten wurden dabei in der Regel durch drei Stadien der Vasallität geführt: von einfacher Tributverpflichtung über Intervention, Königswechsel und Gebietsverkleinerung bis zur Errichtung einer assyrischen Provinz. Assur praktizierte als besonders wirksames Mittel seiner imperialen Außenpolitik jeweils im 2. oder 3. Stadium die Deportation der einheimischen und die Ansiedlung einer fremden Oberschicht. Diese Deportationspraxis hatte zum Ziel, der bodenständigen Landbevölkerung die Führerschicht zu nehmen und sie dadurch politisch aktionsunfähig zu machen. Darüber hinaus hoffte Assur, daß sich das auf diese Weise zusammengebrachte Völkergemisch leichter würde regieren lassen.

In Palästina ist zunächst das Nordreich Israel ein Opfer der assyrischen Expansion geworden; daß es zuerst und am schwersten gefährdet war, versteht sich angesichts seiner geographischen Lage von selbst. In das noch lockere 1. Stadium der Vasallität trat Israel bereits ziemlich früh: unter Jehu im Jahre 841 zur Zeit Salmanassars III. Nach erheblichen Territorialverlusten gegen die Aramäer im 9./8. Jh. gelang es Jerobeam II. (787/6—747/6) noch einmal, den Bestand des Nordreiches so gut wie ganz wiederherzustellen (2. Reg. 14, 25) und Israel eine letzte Periode relativer Sicherheit und Prosperität zu verschaffen. So lagen die Dinge, als Tiglatpileser III. 745 den assyrischen Thron bestieg. Der regierende König des Nordreiches, Menachem (746/5—737/6), beeilte sich, dem neuen Großherrn Kontributionen darzubringen, nicht ohne die Nebenabsicht, sein schwankendes Königtum dadurch zu festigen und mit der Autorität Assurs zu untermauern (2. Reg. 15, 19 f.). Als jedoch in Israel der Usurpator Pekach (735/4—733/2) zur Macht gelangte, kam der Stein ins Rollen. Zunächst sah sich Tiglatpileser genötigt, 734 einen Straffeldzug gegen die philistäische Pentapolis in der Küstenebene zu unternehmen, vor allem gegen Gaza, dessen König beim Heranrücken der Assyrer nach Ägypten floh, bei kampfloser Preisgabe der Stadt. Auf diesem Zuge mußte Tiglatpileser in der Küstenebene israelitisches Territorium berühren: Vielleicht nur aus Gründen der Sicherung dieser Durchgangszone, vielleicht auch, weil Pekach sich ihm mit militärischen Mitteln in den Weg stellte, annektierte er kurzerhand den Westteil des Nordreiches Israel und verwandelte ihn in eine assyrische Provinz namens *Dūʾru* (Dor). Ganz sicher ist das freilich nicht; die Provinz könnte auch etwas später begründet worden sein. Kurze Zeit danach (734—732) kam es zu den Ereignissen des sog. syrisch-ephraimitischen Krieges (2. Reg. 15, 29 f. 37; 16, 5—9; Jes. 7; 8; 10, 27b—34; 17, 1—11; Hos. 5. 6). Die Könige Pekach von Israel und Raṣyān von Aram-Damaskus bildeten eine Koalition gegen Assyrien und versuchten, zunächst wohl mit diplomatischen Mitteln, den Davididen Ahas von Juda (742/1—725) zur Teilnahme zu veranlassen. Ahas jedoch setzte diesem Ansinnen beharrlichen Widerstand entgegen. Schließlich rückten die Verbündeten mit Heeresmacht gegen Jerusalem vor, um Ahas abzusetzen und einen gefügigen Aramäer namens *Ben-Ṭābʾēl* auf den judäischen Thron zu bringen. In dieser Lage entschloß sich Ahas gegen den Rat des Propheten Jesaja, die Assyrer zu Hilfe zu rufen. Tiglatpileser III. nahm die Gelegenheit, eine gegen ihn gerichtete Koalition im Keime zu ersticken, unverzüglich wahr und setzte seine Truppen aus dem Norden gegen Damaskus und Israel in Marsch. Es gelang ihm, Damaskus zu erobern und unter Überspringen des 2. Stadiums der Vasallität in eine assyrische Provinz zu verwandeln. Mit dem Nordreich Israel verfuhr er anders: Er annektierte Galiläa und Gilead und bildete aus diesen Territorien die Provinzen *Magidu* und *Galʾazu* (Megiddo und Gilead). Damit verlor das Nordreich mehr als zwei Drittel seines Gebietes; Pekach sah sich auf den Rumpfstaat Ephraim, d. h. auf das samarische Gebirge, beschränkt. Im Zusammenhang dieser Ereignisse fiel Pekach einer Verschwörung aus den Reihen der assurfreundlichen Partei zum Opfer. Das Haupt der Verschwörer, ein Mann namens Hosea (732/1—723), wurde von Tiglatpileser III. als abhängiger Vasallenfürst des Rumpfstaates Ephraim bestätigt. Damit trat Israel in das 2. Stadium der Vasallität gegenüber Assyrien.

Die neugeschaffenen Territorialverhältnisse waren freilich nicht von langer Dauer. Um 725/4 hielt Hosea von Ephraim die Zeit für gekommen, Assur die Treue aufzukündigen. Er stellte die jährlichen Tributzahlungen ein und begann mit Ägypten, dem zu allen Zeiten relativ bedeutendsten Antipoden Assurs, diplomatische Fühlung aufzunehmen (2. Reg. 17, 4). Tiglatpilesers Nachfolger Salmanassar V. (727—722) zögerte nicht, auf diese Unbotmäßigkeit zu reagieren. Es gelang ihm auf unbekannte Weise, der Person des Königs Hosea habhaft zu werden. Samaria vermochte sich noch reichlich zwei Jahre lang gegen die assyrische Belagerung zu halten. Erst im Spätsommer/Frühherbst 722 erlag die Stadt dem assyrischen Ansturm (2. Reg. 17, 5 ff.; 18, 9—11). Das Gebiet des Rumpfstaates Ephraim wurde zur assyrischen Provinz *Samerīna* (Samaria) gemacht, die Oberschicht deportiert und nach bewährter Praxis eine fremde Oberschicht aus Babylonien und Nordsyrien angesiedelt. Damit hatte der letzte Rest des Nordreiches Israel aufgehört zu bestehen; auf seinem Territorium befanden sich nicht weniger als vier assyrische Provinzen. Die Südgrenze des neuassyrischen Großreiches verlief seitdem wenige Kilometer nördlich von Jerusalem.

Das Südreich Juda blieb während aller dieser Ereignisse bis hinab zum Untergang Assurs in der 2. Hälfte des 7. Jh. v. Chr. im 1. Stadium der Vasallität. Daran haben die zahlreichen Wechselfälle der assyrischen Politik auf der palästinisch-syrischen Landbrücke nichts geändert. Dieser auffallende Umstand mag im Interesse der assyrischen Großkönige begründet sein, im Süden ihres Reiches einige halbselbständige Pufferstaaten gegenüber Ägypten am Leben zu erhalten. Nur ein einziges Mal ist das Gleichgewicht vorübergehend gestört worden: im Jahre 701 unter Sanherib (705—681). Der Thronwechsel in Assur 705 von Sargon II. auf Sanherib hatte Hönig Hiskia von Juda veranlaßt, sich zum Haupt einer antiassyrischen Koalition südpalästinischer Staaten, vor allem der Philisterstädte Askalon und Ekron, zu machen. Die Rückendeckung Ägyptens war diesem Bündnisse sicher. Erst 701 hatte Sanherib die Hände frei, in Palästina einzugreifen. Er erschien mit starken assyrischen Militärkontingenten in der Küstenebene, liquidierte Askalon und Ekron und schlug die ägyptischen Hilfstruppen bei *Altaqū* (*Ḫirbet el-Muqannaᶜ*). Dann wandte er sich ins Gebirge und überzog das Territorium des Staates Juda mit Krieg. Vor Jerusalem erschien ein General und schickte sich an, die Stadt zu belagern. Diesem konzentrierten Ansturm hatte Hiskia nichts entgegenzusetzen; es blieb ihm keine Wahl, als sich zu unterwerfen und eine hohe Kontribution zu zahlen (2. Reg. 18, 13 ff.). Sanherib nahm die Unterwerfung an und ließ sich bewegen, den Davididen den Stadtstaat Jerusalem zu belassen. Das Land Juda trennte er ab, verwandelte es jedoch nicht in eine assyrische Provinz, sondern gab es assurtreuen Philisterfürsten zu Lehen. Das hätte das Ende des Staates Juda sein können. Aber allem Anschein nach waren diese Maßnahmen von vornherein als Provisorium gedacht. Spätestens unter König Manasse (696/5—642/1) ist die ursprüngliche Ordnung wiederhergestellt worden, und Juda blieb von nun an bis zum Ende des neuassyrischen Großreiches im 1. Stadium der Vasallität. Daran änderte sich auch nichts, als das assyrische Imperium durch die Eroberung Ägyptens (671) unter Asarhaddon (680—669) seine größte territoriale Ausdehnung erreichte. Erst als das Reich nach dem Tode Assurbanipals (um 730) unter den Schlägen der Babylonier und Meder zugrunde ging, erfolgten territoriale Umschichtungen in Palästina. König Josia von Juda (639/8—609) griff im Zuge seiner Emanzipations- und Restaurationspolitik auf das Gebiet der assyrischen Provinzen in Nordpalästina über. Ihn leitete der Gedanke an die Wiederherstellung des davidischen Reiches, und seine Expansionsbestrebungen wurden durch die Schwäche Assyriens ermöglicht und begünstigt. Das Resultat seiner Bemühungen spiegelt sich im Bericht über seine Regierungszeit (2. Reg. 22/23), wahrscheinlich auch in einem Jos. 15 aufbehaltenen Verzeichnis der zwölf Gaue Judas. Danach ist es Josia gelungen, zumindest den Südteil der assyrischen Provinz *Samerīna* in die Hand zu bekommen. Der 12. Gau nennt Bethel *(Bētīn)*, Ophra *(eṭ-Ṭayyibe)* und Jericho; der 5. Gau reicht über Ekron *(ᶜĀqir)* bis Japho *(Yaffā)*. Dieses großangelegte, planvolle Restaurationswerk ist freilich nicht zur Vollendung gediehen. Denn im Jahre 609 fiel Josia bei Megiddo, als er versuchte, sich dem nach Norden vorrückenden Pharao Necho II. entgegenzustellen. Necho übernahm für kurze Zeit die Oberhoheit über Palästina, beseitigte Josias Sohn Joahas und setzte dessen Halbbruder Eljakim/Jojakim (608/7—598/7) als Vasallenfürsten über Juda und Jerusalem ein (2. Reg. 23, 34 ff.). 605 wurde Necho in der Schlacht bei Karkemisch *(Ǧerāblus)* am oberen Euphrat von den Babyloniern unter dem Kronprinzen Nebukadnezar vernichtend geschlagen. Damit trat das neubabylonische Reich das Erbe des assyrischen auf der palästinisch-syrischen Landbrücke an (2. Reg. 24, 7). Über Nebukadnezars II. (605—562) Verfahren mit den ehemaligen assyrischen Provinzen auf dem Boden des Nordreiches Israel ist nichts bekannt; wahrscheinlich wurden sie einfach in babylonische Verwaltung übernommen. Seit 602 begann Jojakim von Juda gegen die babylonische Herrschaft aufzubegehren. Sein Sohn Jojachin zahlte das 597 mit der Eroberung Jerusalems und dem ersten Exil (2. Reg. 24, 10 ff.). Es ist nicht ausgeschlossen, daß das Territorium des Staates Juda bei dieser Gelegenheit um den Anteil am Negeb vermindert und dieses Südgebiet den Edomitern zugeschlagen wurde (Jer. 13, 18 f.). Nebukadnezar II. setzte schließlich den letzten der Josiasöhne, Zedekia (597—586), als Vasallenkönig ein; so trat Juda für ein Jahrzehnt doch noch ins 2. Stadium der Vasallität. Als aber auch Zedekia gegen Babylon konspirierte, machte Nebukadnezar dem letzten Rest von Eigenstaatlichkeit in Palästina ein Ende: Er nahm Jerusalem 586 zum 2. Male, führte die Oberschicht wiederum ins Exil und gliederte Jerusalem und Juda dem neubabylonischen Provinzialsystem ein (2. Reg. 25, 1 ff.). Dabei scheint Juda nicht als selbständige Provinz konstituiert worden zu sein. Vermutlich wurde es der benachbarten Provinz Samaria angeschlossen, erhielt aber — wenigstens zu Anfang — einen eigenen Oberbeamten: den „Befriedungskommissar" Gedalja in Mizpa (2. Reg. 25, 22 ff.; Jer. 40, 7 ff.).

Es gibt weder historische noch archäologische Gründe für die Annahme, Palästina — besonders das Gebiet des vormaligen Reiches Juda — sei während der Zeit des babylonischen Exils (586—539) völlig zerstört und entvölkert gewesen. Von Jerusalem abgesehen, das in der Tat ein Trümmerhaufen war, blieb die bodenständige Bauernbevölkerung im Lande, allerdings ihrer geistigen Führerschaft mehr als andere beraubt und zu politischem Handeln unfähig. Wie groß die Zerstörungen auch gewesen sein mögen: die Besiedelung der eisenzeitlichen Ortschaften Palästinas lief fast überall kontinuierlich weiter. Es hat nicht den Anschein, als hätten die Babylonier nach assyrischem Vorbild fremde Kolonisten als neue Oberschicht in Juda angesiedelt. Über die Administrationspraxis ist wenig bekannt. Neh. 3 nennt — freilich für das 5. Jh. — fünf Verwaltungsbezirke: Jerusalem, Mizpa, Beth-Hakkerem (in der Nähe von *el-Ḫaḍr* bei Bethlehem?), Bethsur *(Ḫirbet eṭ-Ṭubēqa)* und Kegila *(Tell Qīla)*. Sie entsprachen im wesentlichen den Verwaltungseinheiten der Königszeit. Die von den Babyloniern vorgenommenen Veränderungen sind geringfügig und nicht in jedem Falle hinlänglich bekannt. Die ostjordanischen Randstaaten scheinen ihre Selbständigkeit behalten zu haben. Das gilt jedenfalls für Edom, das vielleicht schon 597 auf Kosten Judas Territorialgewinn erzielt hatte, und von dem zu vermuten ist, daß es sich auch 586 und danach bereicherte. Wenn man Josephus (Ant. X, 9, 7 = § 181 f. Niese) glauben darf, dann wurden Ammon und Moab 582 den Babyloniern untertan, vielleicht nur für kurze Zeit. Im ganzen endet das israelitische Zeitalter in Palästina territorialgeschichtlich mit einem Warte- und Ruhezustand, der mehr als ein halbes Jahrhundert andauern sollte.

*Literatur:* M. Noth, Das Krongut der israelitischen Könige und seine Verwaltung (1927). ABLAK 1, 159—182. — A. Alt, Die syrische Staatenwelt vor dem Einbruch der Assyrer (1934). Kl. Schriften 3 (1959) 214—232. — Ders., Der Stadtstaat Samaria (1954). Ebenda 258—302. — *Gliederung und Grenzen:* W. F. Albright, The Administrative Divisions of Israel and Judah. JPOS 5 (1924) 131—161. — O. Eißfeldt, Israelitisch-philistäische Grenzverschiebungen von David bis auf die Assyrerzeit (1943). Kl. Schriften 2, 453—463. — G. Beyer, Das Festungssystem Rehabeams. ZDPV 54 (1931) 113 ff. — A. Alt, Judas Gaue unter Josia (1925). Kl. Schriften 2 (1953) 276—288. — Ders., Bemerkungen zu einigen judäischen Ortslisten des AT (1951). Ebenda 289—305. — Ders., Festungen und Levitenorte im Lande Juda (1952). Ebenda 306—315. — Y. Aharoni, The Northern Boundary of Judah. PEQ 90 (1958) 27—31. — Ders., Mount Carmel as Border. Archäologie und AT, Festschrift K. Galling (1970) 1—7. — E. Lipiński, Note de topographie historique: Ba$^{c}$li-ra$^{\supset}$ši et Ra$^{\supset}$šu qudšu. RB 78 (1971) 84—92. — *Assyrerzeit:* E. Forrer, Die Provinzeinteilung des assyrischen Reiches (1921). — A. Alt, Das System der assyrischen Provinzen auf dem Boden des Reiches Israel (1929). Kl. Schriften 2 (1953) 188—205. — J. Begrich, Der syrisch-ephraimitische Krieg und seine weltpolitischen Zusammenhänge (1929). Gesammelte Studien z. AT (1964) 99—120. — B. Oded, The Historical Background of the Syro-Ephraimite War Reconsidered. BA 34 (1972) 153—165. — A. Alt, Neue assyrische Nachrichten über Palästina (1945). Kl. Schriften 2 (1953) 226—241. — Ders., Tiglathpilesers III. erster Feldzug nach Palästina (1951). Ebenda 150—162. — B. Oded, The Political Status of Israelite Transjordania During the Period of the Monarchy (to the Fall of Samaria) (hebr.) (1968). — Ders., Observations on Methods of Assyrian Rule in Transjordania after the Palestinian Campaign of Tiglath-Pileser III. JNES 29 (1970) 177—186. — A. Alt, Die territorialpolitische Bedeutung von Sanheribs Eingriff in Palästina (1930). Kl. Schriften 2 (1953) 242—249. — L. L. Honor, Sennacherib's Invasion of Palestine (1966). — *Das letzte Jahrzehnt:* M. Noth: Die Einnahme von Jerusalem im Jahre 597 v. Chr. (1958). ABLAK 1, 111—132. — A. Malamat, The Last Kings of Judah and the Fall of Jerusalem. IEJ 18 (1968) 137—156. — *Exilszeit:* A. Alt, Die Rolle Samarias bei der Entstehung des Judentums (1934). Kl. Schriften 2 (1953) 316—337. — E. Janssen, Juda in der Exilszeit. FRLANT 69 (1956). — H. P. Müller, Phönizien und Juda in exilisch-nachexilischer Zeit. WdO 6 (1970/1) 189—204. — *Archäologisches:* Y. Aharoni—R. Amiran, A New Scheme for the Sub-Division of the Iron Age in Palestine. IEJ 8 (1958) 171—184. — J. S. Holladay, The Pottery of Northern Palestine in the $9^{th}$ and $8^{th}$ Century B.C. (Diss. Harvard 1965 f.). — S. Loffreda, Typological Sequence of Iron Age Rock-cut Tombs in Palestine. Franc LA 18 (1968) 244—287.

## § 10: Das persische Zeitalter

Als Kyros II. 539 v. Chr. in Babylon einzog und das neubabylonische Großreich zu bestehen aufhörte, war der ganze Westen des Orients — Syrien und Palästina — den Persern bereits kampflos zugefallen. Fürs erste wurden in diesem Raum keinerlei neue Rechts- und Territorialverhältnisse geschaffen. Auch später haben die Perser nur behutsam in die von ihnen vorgefundenen Ordnungen eingegriffen. Sie boten das in der Weltgeschichte und in der Geschichte der Alten Welt seltene Schauspiel, daß man aus den Fehlern seiner Vorgänger lernen kann. Zwar blieben die Belange der Außenpolitik fest in Ekbatana und Susa konzentriert; in dieser Hinsicht kamen Eigenmächtigkeiten in den Reichsteilen nicht in Frage. Aber innenpolitisch gründeten die Perser ihre Herrschaft zwischen Indien und Ägypten nicht auf Gewalt, sondern auf Toleranz. Sie respektierten und förderten das kulturelle und religiöse Leben der unterworfenen Völker, ihre Eigenart und Tradition, und versuchten, sowenig wie möglich regulierend einzugreifen. Dieser Politik der „inneren Gewinnung der Unterworfenen“ (A. Alt) entsprach es, daß auch die Territorialverhältnisse weitgehend unangetastet blieben.

Nach Vollendung des persischen Großreiches gliederte Darius I. Hystaspes (522—486) das Gesamtgebiet in 20 Satrapien. Im Zuge dieser Verwaltungsreform kamen Syrien und Palästina zur 5. Satrapie mit Namen „Transeuphrat“ (in der aramäischen Verwaltungs- und Diplomatensprache עֲבַר נַהֲרָא „jenseits des Stromes“, d. h. von Babylon oder Susa aus gesehen; vgl. Esr. 4, 10 ff.; hebr. auch Esr. 8, 36; Neh. 2, 7. 9 u. ö.). Das Nähere berichtet Herodot III, 89—97. Wo der Satrap residierte, ist nicht ganz sicher: vielleicht in Damaskus (Strabo XVII, 2, 20 ff.), nach anderen in Tripolis *(Ṭarāblus)* an der phönikischen Küste (Pseudoskylax § 104; Diodor XVI, 41, 5) und nach dem Aufstand des Sidonierkönigs Tennes um 346 in Sidon *(Ṣaydā)*. Jede Satrapie war in Provinzen ( מְדִנוֹת ) unterteilt, die Provinzen wiederum in Distrikte und Unterdistrikte (hebr. פלכים). Daneben gab es in den Satrapien selbständige Stadtstaaten, Stammesterritorien und königliche Festungen in lockerem Verbunde, dem jeweiligen Satrapen direkt unterstellt.

Wie bereits angedeutet, wurde Juda wahrscheinlich zunächst nicht als selbständige Provinz innerhalb der 5. Satrapie konstituiert, sondern dem benachbarten Samaria angeschlossen und von Distriktsgouverneuren oder Sonderbeamten (Kommissaren) mit speziellen Aufgaben verwaltet: alsbald nach 539 Scheschbassar als „Wiedergutmachungskommissar" (Esr. 5, 14—16), vor und nach 520 der Davidide Serubbabel als „Repatriierungskommissar" für die Rückführung der Exulanten (Esr. 2 = Neh. 7) und für den Wiederaufbau des Tempels zu Jerusalem (vollendet 515), schließlich nach 450 Nehemia als Statthalter der nun doch selbständig gewordenen Provinz Juda (Neh. 5, 14; Elephantine — Papyri Cowley Nr. 30—33). Nehemia vollendete das bürgerliche und religiöse Gemeinwesen Jerusalem unter persischer Herrschaft durch den Mauerbau und einen sog. Synoikismos (Neh. 7, 4; 11, 1 f.), d. h. die Verpflichtung der repatriierten Aristokratie zum Zusammenleben in der Stadt und die Botmäßigkeit der Landbevölkerung gegenüber der Stadt. Um die Mitte des 5. Jh. v. Chr. beginnen auch Krughenkel mit dem Namensstempel der Provinz „Juda" ( יהד). Die Provinz war in die Distrikte Jerusalem, Beth-Hakkerem, Mizpa, Bethsur, Kegila (Neh. 3) und wohl auch Jericho (Neh. 3, 2) gegliedert: eine Einteilung, die im Grunde auf die Gaugliederung z. Zt. des Königs Josia zurückgeht. Umfang und Grenzziehung sind aus den Texten der Bücher Esra und Nehemia (bes. Esr. 2, 1—35; Neh. 3; 7, 6—37; 11, 25—36) nur unvollkommen zu bestimmen. Die Nordgrenze schloß Gibeon *(el-Ǧīb)*, Mizpa *(Tell en-Naṣbe)*, Bethel *(Bētīn)*, Beeroth *(el-Bīre?)* und vielleicht auch Ophra *(eṭ-Ṭayyibe)* ein: also die alte judäische Grenze der Zeit Josias, wie sie durch die provisorische Territorialpolitik des neubabylonischen Reiches erhalten geblieben war. Die Ostgrenze bildeten der Jordan und das Tote Meer; im Westen gehörten Zanoah *(Ḫirbet Zānūᶜ)*, Kirjath-jearim *(Dēr el-Azhar)*, Kefira *(Ḫirbet Kefīre)* und vermutlich auch beide Beth-horon *(Bēt ᶜŪr el-fōqa* und *et-taḥta)* noch zum judäischen Gebiet. Die Küstenebene war ausgeschlossen, und es gibt Gründe für die Annahme, daß auch die mehrfach in den Quellen erwähnten Ortschaften Lod *(Ludd)*, Hadid *(el-Ḥadīṯe)* und Ono *(Kafr ᶜĀna)* nicht dazugehörten. Am bemerkenswertesten ist die Südgrenze: sie schloß Netopha (?), Thekoa *(Ḫirbet Tekūᵃᶜ)*, Bethsur *(Ḫirbet eṭ-Ṭubēqa)*, Kegila *(Tell Qīla)* und Aseka *(Tell Zakarīye)* ein, aber Hebron *(el-Ḫalīl)* aus, d. h. der gesamte Süden des alten Reiches Juda, der vermutlich schon nach 597 abgetrennt worden war, gehörte auch in persischer Zeit nicht zur Provinz. Diese Territorialgestalt der Provinz ist bis in die Tage des Hasmonäers Jonathan, also bis zur Mitte des 2. Jh. v. Chr., unverändert geblieben. Der starke Bevölkerungszuwachs während der langen Friedenszeit unter persischer Herrschaft nötigte die Judäer mehr noch als vorher, auch außerhalb der Provinz zu siedeln: in der Provinz Samaria (Akraba, Aphairema, Thamna), in der Küstenebene, auch in Galiläa und Gilead.

Das System der persischen Provinzen auf dem Boden Palästinas insgesamt kann durch Rückschluß aus dem neuassyrischen Provinzialgefüge, aus den aramäischen Papyri der jüdischen Militärkolonie in Elephantine und aus verstreuten Nachrichten der Bücher Esra und Nehemia ungefähr erschlossen werden. Folgende Provinzen lassen sich erkennen oder doch vermuten:

*1. Samaria:* Die Grenzen des Gebietes sind nicht exakt anzugeben; es reichte vermutlich nicht bis zur Mittelmeerküste. Im Südwesten schloß Asdod an, im Westen die alte Ebene Saron mit dem Vorort Dor, im Norden die Ebene von Megiddo, im Osten der Jordan. Die Oberschicht war seit den Zeiten der Assyrer im wesentlichen fremdstämmig und unvermischt geblieben; sie begegnet als selbständige Körperschaft neben dem Statthalter noch in persischer Zeit (Esr. 4, 4 „das Volk des Landes"; Neh. 3, 34 חֵיל שֹׁמְרוֹן „die ›Macht‹ von Samaria").

*2. Galiläa:* wahrscheinlich mit Megiddo als Vorort.

*3. Idumäa:* „die Araber" (Neh. 4, 1 f.; 2, 19; 6, 1 ff.), das nach 597 an die Edomiter gefallene und von ihnen besiedelte, spätestens nach 586 als Provinz konstituierte alte Südjuda zwischen Bethsur *(Ḫirbet eṭ-Ṭubēqa)* und Beerseba, mit Einschluß von Hebron *(el-Ḫalīl)*. Hauptort war vielleicht Lachisch *(Tell ed-Duwēr)* oder — so jedenfalls in der Ptolemäerzeit — Marescha *(Tell Sandaḥanne)*.

*4. Asdod:* das alte Philisterland mit Ausnahme von Askalon (tyrische Handelskolonie) und Gaza (königliche Festung). Die Bezeichnung „Asdod" beruht auf der gleichnamigen, 711 v. Chr. begründeten assyrischen Provinz.

*5. Ostjordanland:* Im nördlichen Ostjordanland hatten die Perser nach assyrischem Vorbild wahrscheinlich zwei Provinzen: *Qarnīnī* (nach Qarnayim = *Šēḫ Saᶜd*, mit Basan, *Ǧōlān* und vielleicht Nordgilead) und *Ḫaurīna (Ḫaurān)*. Südlich dieses Gebietes übten die „Tobiaden" eine relativ selbständige Herrschaft aus, die vom alten Staatsgebiet der Ammoniter bis an den Jordan reichte. Der „ammonitische Sklave Tobias" (Neh. 2, 10. 19; 3, 35; 4, 1; 6, 1) war allem Anschein nach der oberste, von den Persern beauftragte Beamte in diesem Territorium. Die Hauptorte: Rabbath Ammon *(ᶜAmmān)* und *ᶜArāq el-Emīr*.

Ganz unklar ist der politische Status der palästinischen Küstenebene zwischen dem *Nahr el-ᶜŌǧa* und dem Karmelgebirge (Ebene Saron) und der Bucht von Akko. Die dort gelegenen Hafenorte standen unter dem Einfluß der phönikischen Handelsmetropolen Sidon und Tyrus, und zwar sehr wahrscheinlich mit ausdrücklicher persischer Billigung — wie denn die Perser die phönikischen Küstenstädte hauptsächlich aus wirtschaftlichen Gründen ebenso sorgsam behandelt haben wie die Großreiche vor ihnen. Zu regelrechten Provinzgründungen oder der Übernahme bereits bestehender Provinzordnungen scheint es jedoch nicht gekommen zu sein. Die Unklarheiten beruhen auf dem Charakter der literarischen Hauptquelle: dem Periplus des Pseudoskylax § 104 (2. Hälfte des 4. Jh. v. Chr., vor Alexander d. Gr.), dessen Text leider schlecht erhalten ist. Das Interesse des Pseudoskylax liegt nicht auf dem politischen Status der Hafenorte, sondern auf ihrer Bevölkerung, eben besonders den phönikischen Handelskolonisten. Der Text enthält den ältesten Beleg für den später häufigen Ausdruck Κοίλη Συρία (Coelesyrien), dessen Bedeutung nicht sicher zu ermitteln ist (ob analog Esr. 4, 20 „ganz [כל] Syrien"?). Vielleicht ist es ursprünglich eine griechische Bezeichnung für die 5. Satrapie Transeuphrat. Die Provinz *Dūʾru* (Dor) wird in den Quellen nirgendwo erwähnt. Es ist nicht auszuschließen, daß ihr Gebiet als Krondomäne zur Verfügung des Satrapen gehalten wurde, auch wenn es in der Inschrift des Königs Eschmunazar von Sidon aus dem Anfang des 5. Jh. v. Chr. (KAI 14, bes. Z. 18—20) heißt, der „Herr der Könige" habe Sidon „Dor und Jaffa, die prächtigen Kornländer in der Flur von Saron" gegeben und die Sidonier hätten sie „den Grenzen des Landes hinzugefügt", „damit sie den Sidoniern auf ewig gehören".

Das persische Großreich ist nicht an innerer Schwäche zugrunde gegangen, sondern an seiner Expansionspolitik gescheitert. Einen befriedeten, geeinten Orient hinter sich, griffen die Großkönige auf europäisches Territorium über und stießen dort auf die Stadtherrschaften Griechenlands. Es entbrannten die wechselvollen, über zwei Jahrhunderte andauernden Perserkriege. Das Blatt wandte sich erst dann endgültig zugunsten Griechenlands, als es den Makedonen gelungen war, die miteinander rivalisierenden Städte zu einen und den Anfang zu einer griechischen Nation zu machen. Die Früchte dieser Politik erntete Alexander d. Große, der in der Schlacht bei Issos (333 v. Chr.) Darius III. Codomannus überwand und damit das Erbe des Perserreiches in seinem ganzen Umfang antrat. Der durch die persische Politik geeinte Orient fiel Alexander wie ein reifer Apfel in den Schoß. So trat der Nahe Osten in das Zeitalter der mediterranen Weltkultur des Hellenismus ein.

*Literatur:* E. Meyer, Die Entstehung des Judenthums (1896) bes. 107 f. 166 ff. — G. Hölscher, Palästina in der persischen und hellenistischen Zeit (1903). — A. Alt, Judas Nachbarn zur Zeit Nehemias (1931). Kl. Schriften 2 (1953) 338—345. — Ders., Die Rolle Samarias bei der Entstehung des Judentums (1934). Kl. Schriften 2 (1953) 316—337. — E. L. Sukenik, Paralipomena

Palaestinensia. JPOS 14 (1934) 178—184; dazu auch W. F. Albright, BASOR 52 (1933) 20 und 53 (1934) 20 ff. — O. Leuze, Die Satrapieneinteilung in Syrien und im Zweistromlande von 520—320. Schriften d. Königsberger Gelehrten Gesellschaft XI, 4 (1935) 200 ff. — K. Galling, Syrien in der Politik der Achämeniden bis zum Aufstand des Megabyzos 448 v. Chr. AO 36, 3/4 (1937). — Ders., Denkmäler zur Geschichte Syriens und Palästinas unter der Herrschaft der Perser. PJB 34 (1938) 59—79. — M. Noth, Eine palästinische Lokalüberlieferung in 2. Chron. 20. ZDPV 67 (1943/45) 45—71. — K. Galling, Studien zur Geschichte Israels im persischen Zeitalter (1964); darin bes.: Die syrisch-palästinische Küste nach der Beschreibung bei Pseudo-Skylax (1938), 183—209. — D. Auscher, Les relations entre la Grèce et la Palestine anvant la conquête d'Alexandre. VT 17 (1967) 8—30. — A. F. Rainey, The Satrapy „Beyond the River". Australian Journal of Biblical Archaeology 1 (1969) 51—78. — P. R. Ackroyd, Israel under Babylon and Persia (1970). — P. W. Lapp, The Pottery of Palestine in the Persian Period. Archäologie und AT, Festschrift K. Galling (1970) 179—198. — E. Stern, The Architecture of Palestine in the Persian Period (hebr.). Eretz-Israel 11 (1973) 265—276. — J. Porath, A Fortress of the Persian Period. ᶜAtiqot, Hebr. Ser., 7 (1974) 43—55.

## § 11: Das hellenistisch-römische Zeitalter

Der Eintritt des Orients in die mediterrane hellenistische Weltkultur ist der Hauptgrund dafür, daß man die folgenden Kulturepochen trotz großer Vielfalt im Detail, erheblichen Unterschieden in der Gestalt und langer Zeitdauer als Einheit betrachten kann: eine Einheit freilich nur unter den Gesichtspunkten der historischen Geographie. Denn die Römer, die im 1. vorchristlichen Jahrhundert das Erbe der Diadochenreiche antraten, waren ihrerseits Teilhaber jener ökumenischen Kultur und ihr in solchem Maße verpflichtet, daß man sie als Fortsetzer und Vollender dessen ansehen darf, was in der Periode seit Alexander d. Gr. begonnen hatte. Das gilt nicht nur für Topographie und Territorialgeschichte, sondern — mit gewissen Einschränkungen — für alle Bereiche der materiellen Kultur. Der nächste einschneidende Epochenwechsel ist der Übergang des Orients in die Hände der islamischen Araber (1. Hälfte des 7. Jh. n. Chr.). Vorher noch bildet die Erhebung des Christentums zur Reichsreligion im byzantinischen Imperium (4. Jh. n. Chr.) jedenfalls einen tieferen Einschnitt als die römische Eroberung des Ostens. Die Darstellung — wegen der gewaltigen Materialfülle auf die Hauptlinien verkürzt — soll bis vor den Beginn des byzantinischen Zeitalters geführt werden.

Der kurze Aufenthalt Alexanders in Syrien und Palästina (332/1 v. Chr.) hatte keine nennenswerten territorialpolitischen Folgen. Alexander ersetzte die persischen Satrapen durch makedonische Beamte; der erste Regent des Gesamtgebietes „Transeuphrat" war der Veteranengeneral Parmenio. Unter den Diadochen jedoch wurden Syrien und mehr noch Palästina zu Streitobjekten zwischen den ägyptischen Ptolemäern und den mesopotamischen Seleukiden, anfangs auch den griechisch-kleinasiatischen Makedonen. Die Nordgrenze des ptolemäischen Einflußgebietes gegen die Seleukiden schwankte. Palästina aber kam zunächst ganz unter ptolemäische Herrschaft und erlebte eine Zeit relativer politischer Stabilität. Die Ptolemäer waren konservativ, übernahmen im großen und ganzen die persische Territorialordnung und verzichteten weitgehend auf territoriale Veränderungen in den außerägyptischen Gebieten. Ihre asiatischen Besitzungen, „Syrien und Phönikien", oft auch „Coelesyrien" genannt, wurden allem Anschein nach nicht von einem den persischen Satrapen vergleichbaren Oberbeamten, sondern zentral von Alexandrien aus verwaltet. Unsere Kenntnis beruht hauptsächlich auf den Darstellungen der hellenistischen Geschichtsschreiber und Geographen: Diodor, Arrian, Polybios, Flavius Josephus, Strabo u. a. Von besonderem Gewicht sind die sog. Zenon-Papyri (Besuch Zenons 260—258 v. Chr.), der Steuererlaß Ptolemaios' II. Philadelphos (285—246 v. Chr.) und die Berichte über die Kämpfe Antiochos' III. (223—187 v. Chr.) bei Polybios V, 70, 71 und Josephus Ant. XII, 3—5. Hinzu kommt das reiche Material an Inschriften und Münzen, das im Laufe der folgenden Jahrhunderte beständig wächst.

Die ptolemäische Territorialpolitik ist durch die allgemeine Tendenz zur Verkleinerung der Territorialeinheiten gegenüber der voraufgegangenen persischen Praxis gekennzeichnet. Man übernahm oder bildete relativ kleinräumige Hyparchien (auch Eparchien genannt, entsprechend den pers. Provinzen, מדינות) und darunter Toparchien (entsprechend den pers. Distrikten, פלכים). Dazu kamen griechische Kolonien, gewöhnlich in Städten, die entweder den genannten territorialen Einheiten integriert oder durch Verleihung des πόλις-Rechtes selbständig wurden, das letztere in ptolemäischer Zeit noch zögernd, dann unter den Seleukiden häufiger. Hier liegen die Wurzeln einer immer mehr zunehmenden Urbanisation der palästinisch-syrischen Landbrücke, die unter römischer Herrschaft vollendet worden ist. Die coelesyrischen Hyparchien des Ptolemäerreiches waren die folgenden:

*1. Judäa:* unter den Hohepriestern zu Jerusalem.

*2. Samaria:* durch Alexander oder Perdikkas territorial verkleinert.

In der Stadt Samaria *(Sebaṣṭye)* wurde eine makedonische Veteranenkolonie eingerichtet, was in der Folge zur Bildung zweier territorialer Einheiten innerhalb der Provinz führte: der Stadt mit Umland und des ἔθνος mit dem Tempel der schismatischen „Samaritaner" auf dem Garizim.

*3. Galiläa:* ebenfalls territorial verkleinert. Die Stadt Skythopolis (Beth-Schean, arab. *Bēsān*) wurde autonome griechische Kolonie und vielleicht Zentrum der Hyparchie.

*4. Idumäa:* aus zwei Teilen, Ost-Idumäa mit dem Vorort Adoraim *(Dūra)* und West-Idumäa mit der Metropole Marescha *(Tell Sandaḥanne)*, die zu nicht geringem Teile von hellenisierten Sidoniern bewohnt war.

*5. Asdod:* jetzt mit dem Hauptort Jamnia *(Yabne)* und nach ihm benannt.

*6. Küstenebene:* Dieses Gebiet wurde in ptolemäischer Zeit am stärksten reorganisiert. Der unter den Persern wirksam gewesene Einfluß der phönikischen Handelsmetropolen Sidon und Tyros ging mehr und mehr zurück; es entstand eine Anzahl autonomer Städte (Joppe, Askalon, Gaza) und eine neugebildete Hyparchie in der Ebene Saron. Die letztere entsprach territorial ungefähr der alten assyrischen Provinz *Dūʾru*; ihr Vorort scheint „Stratonsturm", das spätere *Caesarea maris,* gewesen zu sein. Dor (*el-Burǧ* bei *eṭ-Ṭanṭūra*) war als königliche Festung aus diesem komplizierten System ausgegliedert.

Im Ostjordanland ist die ptolemäische Politik der Aufsplitterung größerer Territorialeinheiten besonders deutlich sichtbar. Hier kam es schon früh nicht nur zur Gründung zahlreicher griechischer Kolonien und Städte, mehr als im Westen des Jordangrabens, sondern auch zur regelrechten Teilung von Provinzen und Distrikten: *Ḫaurīna* zerfiel in *Trachonitis* (*el-Leǧǧā* und westl. anschließendes Gebiet) und *Auranitis (Ḥaurān)*, ferner *Qarnīnī* in *Batanäa* (Basan, *en-Nuqrā*), *Gaulanitis (Ǧōlān)* und das Territorium der Stadt *Dion/Dium* (vielleicht *Tell el-Ašʿarī*, ca. 16 km nordwestl. von *Derʿā*). Das Gebiet von Gilead kam an die Stadtherrschaften Pella *(Ṭabaqāt Faḥil)* und Gerasa *(Ǧeraš)*; der verbleibende Rest bildete die Hyparchie oder Toparchie *Galaaditis* mit dem Hauptort Gadara *(Umm Qēs)*. Philadelphia *(ʿAmmān)* mit seinem Umland wurde von den Tobiaden unabhängig, deren Herrschaft sich von nun an um *ʿArāq el-Emīr* konzentrierte. Südlich des Tobiadengebietes entstanden zwei neue Distrikte: *Moabitis* und *Gabalitis*. Die Nabatäer im äußersten Süden behielten ihre Unabhängigkeit, verloren jedoch — zumindest zeitweilig — die Hafenstadt Elath (Aila, Berenike) an die Ptolemäer.

Nachdem Antiochos III. in der Schlacht bei Paneas *(Banyās)* 198 v. Chr. Ptolemaios V. Epiphanes geschlagen hatte, fielen ganz Syrien und Palästina an die Seleukiden. Die seleukidische Territorialpolitik war der ptolemäischen gerade entgegengesetzt; die Herrscher bevorzugten große Provinzen nach Art der persischen Satrapien, aufgeteilt in zahlreiche und oft wechselnde Untereinheiten. Zur Zeit der seleukidischen Hegemonie schritt der Hellenisierungsprozeß des Orients kräftig voran, ausgehend und getragen von mehr und mehr griechischen Städten mit hoher Autonomie (πόλις-Ideal). Die Einzelheiten sind wegen der ungünstigen Quellenlage nicht immer leicht erkennbar. Dazu ist der Sprachgebrauch der Urkunden und Sekundärquellen (Geschichtsschreiber und Geographen) leider uneinheitlich, was die Bestimmung territorialer Tatbestände noch einmal erschwert. So kann etwa der häufige Titel *Strategos* sehr Verschiedenes bezeichnen: den Offizier allgemein, den Militärbefehlshaber, den Vizekönig oder den Gouverneur einer στρατηγία (entsprechend der pers. Satrapie), den Oberbeamten einer Eparchie (entsprechend der pers. Provinz) u. a. m. In vielen Fällen mußte der Titel deshalb durch Zusätze qualifiziert werden, was freilich auch nicht immer einheitlich geschah.

Nach dem Tode Antiochos' III. (187 v. Chr.) wurde das Gesamtgebiet Transeuphrat einem „Vizekönig" unterstellt *(Strategos protarches)* und in zwei Großprovinzen gegliedert: *„Seleukis"* (= Syrien) und *„Koilesyria und Phoinikia"* (= die ehemaligen asiatischen Besitzungen der Ptolemäer). Die Großprovinz (στρατηγία) „Coelesyrien und Phönikien" wiederum war in mehrere Eparchien (auch μέρεις genannt) unterteilt, deren Anzahl nicht genau bekannt ist und wohl auch gewechselt hat. Jedenfalls erkennt man deutlich die Tendenz zur Großräumigkeit: Dort wo die Territorialverhältnisse erkennbar sind, erscheinen jeweils mehrere ptolemäische Hyparchien zu einer seleukidischen Eparchie vereinigt. Auf dem Boden Palästinas gab es vier Eparchien:

*1. Samaria (Samaritis):* Analog den Verhältnissen zu Beginn des persischen Zeitalters gehörte Judäa zur Eparchie Samaria (vgl. 1. Makk. 3). Im Laufe des Makkabäeraufstandes jedoch wurde Judäa zur Entlastung des samarischen Eparchen in den Rang einer Eparchie erhoben. Der erste judäische Eparch war Nikanor, gefolgt von Bakchides, der weitgehende territoriale Vollmachten über ganz Transeuphrat erhielt (ein Zeichen für die Auflösung des seleukidischen Systems); 150 v. Chr. ist dann der hasmonäische Hohepriester Jonathan in dieses Amt eingetreten. Die Eparchie Samaria umfaßte auch Galiläa (1. Makk. 10, 30), ferner nach Josephus (Ant. XIII, 2, 3; 4, 9) das ostjordanische

Peräa (= das Gebiet der Tobiaden) und vielleicht die Hafenstadt Joppe.

2. *Idumäa:* vergrößert durch die ptolemäische Hyparchie Jamnia (früher Asdod). Gezer *(Tell Ǵezer)* wurde königliche Festung zur Sicherung der Straße nach Jerusalem.

3. *Paralia:* die Küstenebene vom *Rās en-Naqūrā* bis zum *Wādi el-ᶜArīš* (1. Makk. 11, 59; Josephus Ant. XIII, 5, 4), aus mehreren kleinen Einheiten zusammengefaßt. Da die Eparchie zuerst unter Antiochos V. Eupator (164—162 v. Chr.) erwähnt wird, ist sie vielleicht während oder kurz nach dem Makkabäeraufstand gegründet worden. Ihr Gebiet war zweigeteilt: Ungefähr in der Mitte verlief ein Korridor der Eparchien Samaria und Idumäa zum Mittelmeer (Jamnia, Asdod, Joppe). Dor stand wie unter den Ptolemäern im Rang einer königlichen Festung.

4. *Galaaditis:* Nordgilead einschließlich der Distrikte Gaulanitis, Batanäa, Trachonitis, Auranitis, Ammonitis, Moabitis — doch ohne Peräa, das zur Eparchie Samaria gehörte.

Bei alledem begünstigten die Seleukiden die Hellenisierung der Städte: entweder dadurch, daß sie besondere griechisch-hellenistische Gemeinden mit politischen Rechten innerhalb der Kommunen einrichteten (so in Jerusalem, Akko/Ptolemais, Hippo, Skythopolis, Gaza u. a.), oder durch Neuhellenisierung von Städten, die vordem noch kaum von hellenistischer Kultur und Gesittung berührt gewesen waren. Im letzteren Falle erhielten die Ortschaften nicht selten neue Namen, gelegentlich mehrere hintereinander: Dan/Antiochia *(Tell el-Qāḍī),* mehrere Städte namens Seleukia im Ostjordanland, Gadara/Antiochia/Seleukia *(Umm Qēs),* Gerasa u. a. Daß im Zuge dieser Urbanisation die griechische Sprache zunehmend an Boden gewann, versteht sich von selbst. Auch die materielle Kultur, die Art der Stadtanlage, die Ausstattung mit Tempeln und öffentlichen Gebäuden entsprechen dem, was man im mediterranen Raum allerorten finden kann.

Die erste Periode des makkabäischen Befreiungskrieges gegen die Seleukiden vollzog sich hauptsächlich auf dem Boden der Eparchie Judäa, deren Grenzen sich seit Nehemia nicht wesentlich geändert hatten. Territorialgeschichtliche Hauptquellen sind das 1. und 2. Makkabäerbuch, dabei von besonderem Interesse die Festungsliste des Eparchen Bakchides (1. Makk. 9, 50; Josephus Ant. XIII, 1, 3): Jericho, Emmaus *(ᶜAmwās),* Beth-Horon *(Bēt ᶜŪr et-taḫta),* Bethel *(Bētīn);* sodann Thamnatha (vermutlich nicht *Ḫirbet Tibne* bei Arimathäa, sondern *Ḫirbet Tibbāne* östl. von *Bēt Nettīf*), Pharaton (kaum *Farᶜātā* westsüdwestl. von *Nāblus,* sondern vielleicht *Tell Fāra* im *Wādi Fāra* nordöstl. von Jerusalem) und Tephos (sicher nicht *eš-Šēḫ Abū Zarad,* unlokalisiert). Die Festungen Gezer, Jerusalem und Bethsur waren königlicher Besitz und blieben aus diesem System ausgespart. Die komplizierten Stadien, Fortschritte und Rückschläge des Machtzuwachses der Hasmonäer und der Ausdehnung ihrer Territorialgewalt, sind hier nicht darzustellen. Der Prozeß endete politisch mit der nahezu völligen Unabhängigkeit von der seleukidischen Autorität und der Erhebung zum Königreich 104 v. Chr. unter Aristobul I. Dieses Reich gewann seine größte territoriale Ausdehnung unter Alexander Jannäus (103—76 v. Chr.): Es umfaßte nahezu das gesamte Kerngebiet des davidisch-salomonischen Reiches, mit Ausnahme der Bucht von Akko, des Territoriums von Askalon und des Ammoniterlandes östlich von Peräa. Die Hasmonäer bemühten sich mit unterschiedlichem Erfolg um die Judaisierung oder Rejudaisierung hellenistischer Gebiete; sie bedienten sich im Zuge ihrer Eroberungen (z. B. in Idumäa) auch des Mittels der Zwangskonversion zum Judentum. Diese Politik stieß dort auf die größten Schwierigkeiten, wo die hellenistische Kultur am festesten Fuß gefaßt hatte: in den Städten, deren Bevölkerung mehr als einmal vor die Wahl gestellt wurde, zum Judentum überzutreten oder zu emigrieren. Emigration ist für Pella und Skythopolis bezeugt; im übrigen scheint es bei der Teilabwanderung griechischer Kolonisten geblieben zu sein. Im Zeitraum des Aufstieges der Hasmonäer und auf der Höhe ihrer Macht beginnen neue Zeitrechnungen (Ären) zahlreicher hellenistischer Städte im Orient, und zwar in dem Maße, in dem sie sich von der seleukidischen Oberhoheit lösten — gleichviel, ob sie den Hasmonäern zufielen oder selbständig wurden (wie etwa Tyrus, Sidon, Akko/Ptolemais, Dor, Stratonsturm, Askalon, Gaza, Philadelphia u a.). In die gleiche Periode fällt der Aufstieg der Ituräer im Norden und der Nabatäer im Südosten Palästinas. Mit einem Worte: Der Niedergang der seleukidischen Territorialgewalt veränderte die politische Karte der syrisch-palästinischen Landbrücke von Grund auf.

In diesem Zusammenhang ist ein Sachverhalt der allgemeinen Topographie ins Auge zu fassen, eine Entwicklung, die in der hellenistischen Epoche beginnt und sich dann über die römische bis in die byzantinische Zeit fortsetzt: die Ortsverlagerung, d. h. die Aufgabe ungewöhnlich zahlreicher alter Ortslagen und die Entstehung von Nachfolgesiedlungen mit gleichem oder ähnlichem Namen. Der Vorgang vollzieht sich nicht abrupt, sondern sukzessiv: Die Einwohnerschaft eines Ortes verläßt den alten Platz, um sich in der Nähe — zumeist nicht viel mehr als 0,5 km entfernt und in Sichtweite — neu anzusiedeln. Archäologisch ist der Prozeß daran zu erkennen, daß die Siedlungsreste vieler *tilāl* und *ḫurāb* in hellenistischer Zeit und später immer geringer werden und schließlich ganz aufhören, während die der Nachfolgesiedlung gleichzeitig beginnen und wachsen. Die Gründe für die Ortsverlagerung sind unterschiedlicher Art. Einmal waren die alten Ortslagen im Laufe der Jahrtausende zu beträchtlicher Höhe angewachsen; der Kulturschutt der Siedlungsplätze hatte derart zugenommen, daß die Unwirtlichkeit und Unsicherheit auf relativ lockerem Boden die Bewohner zur Abwanderung nötigten. Sodann machte sich in nicht wenigen Fällen das Bedürfnis geltend, entweder eingetretenen Veränderungen in der Wasserversorgung Rechnung zu tragen oder überhaupt näher an die schon lange genutzten Wasserstellen heranzukommen.

Schließlich erwies es sich im Falle der Neuanlage von Städten nach hellenistisch-römischem Muster vielfach als ganz unmöglich, auf dem alten Platz zu bleiben, weil die Oberflächen der Ortslagen zu klein und die Ortslagen selbst im Laufe der Zeit zu hoch geworden waren. Hellenistisch-römische Städte gleichen sich zwar keineswegs wie ein Ei dem anderen, sind einander jedoch nach dem Grundplan sehr ähnlich. Sie sind in der Regel ungefähr kreisrund oder oval angelegt und von einer Umfassungsmauer umgeben, innerhalb deren sich die Stadtbezirke entsprechend dem geraden Verlauf der Straßen rektangulär gestalten. Die Straßen sind gewöhnlich nicht allzu breit, dafür aber oft gepflastert. In der größten Längenerstreckung durchzieht die Stadt eine gerade, von Säulen flankierte und nicht selten überdachte Hauptstraße (röm. *cardo maximus*) als Verbindungslinie zwischen den Haupttoren; sie wird von einer oder zwei Straßen zweiten Ranges (röm. *decumanus*) rechtwinklig geschnitten und der jeweilige Kreuzungspunkt oft durch ein Tetrapylon kunstvoll ausgestaltet. Unbeschadet aller Differenzen und Besonderheiten im einzelnen (Lage des Forums, der Tempel, öffentlichen Gebäude u. ä.) lassen sich im Groben zwei Typen hellenistisch-römischer Städte unterscheiden:

a)

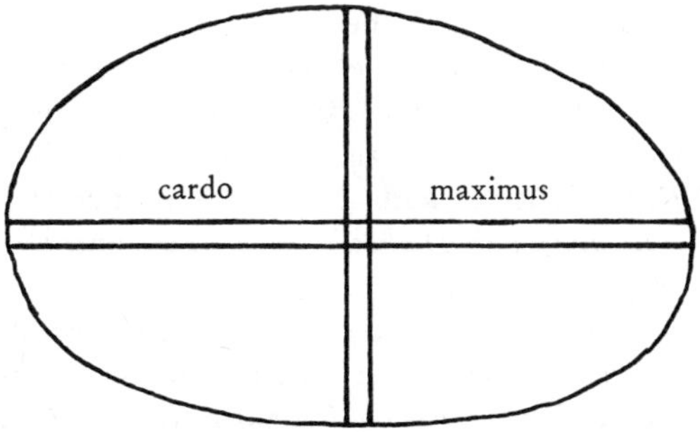

b)

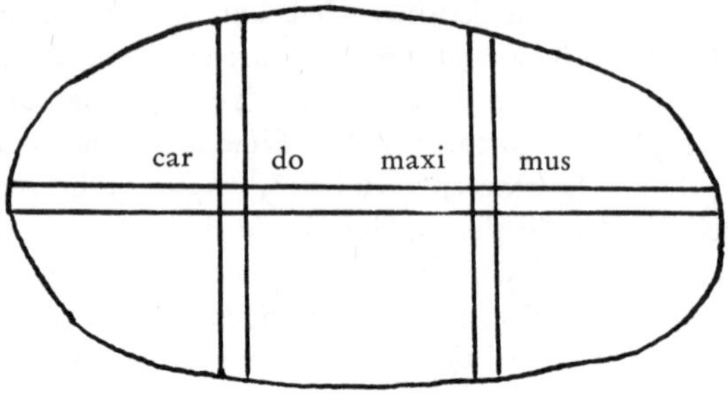


Das Bild der altorientalischen Stadt mit ihrem Gewirr von engen Gassen und kleinen Häusern auf engstem Raum ist abgelöst, die gewachsene städtische Siedlung ist durch die geplante Stadtanlage ersetzt. Es liegt auf der Hand, daß man solche Städte zwar allenfalls unter Einbeziehung der alten Ortslage (der *tell* als Akropolis), nicht aber auf der alten Ortslage errichten konnte.

So sind denn auch zwei Kategorien von Ortsverlagerungen in hellenistisch-römisch-byzantinischer Zeit zu beobachten:

*a) Ortsverlagerung mit Stadtneugründung:* z. B. von Sichem *(Tell Balāṭa)* nach der *Colonia Flavia Neapolis (Nāblus)*; vom alten Beth-Schean *(Tell el-Ḥöṣn)* nach Skythopolis *(Bēsān)*; vom alten Jericho *(Tell es-Sulṭān)* nach *Erīḥa*; von Hammath am See Genezareth *(el-Ḥammām)* nach Tiberias *(Ṭabarīye)*; vom alten Beth-Nimra *(Tell el-Blēbil* am Ausgang des *Wādi Šu*ᶜ*ēb* in den Jordangraben) zum neuen Bethnambris *(Tell Nimrīn)*; vom alten Beth-Haram (*Tell Iktanū* im Ostteil des südl. Jordangrabens) zum neuen Livias/Julias (*Tell er-Rāme*) u. a. m. Man sieht, daß der alte Name in der arabischen Überlieferung nicht selten an der Nachfolgesiedlung und nicht am Ausgangsort haftet.

*b) Ortsverlagerung ohne Stadtneugründung:* z. B. Anathot *(Rās el-Ḫarrūbe)* nach ᶜ*Anāta*; Hebron *(Ǧebel er-Rumēde)* nach *el-Ḫalīl*; Zif *(Tell Zīf)* nach *Ḫirbet Zīf*; Beerseba *(Tell es-Seba*ᶜ*)* nach *Bīr es-Seba*ᶜ; Beth-Schemesch *(er-Rumēle)* nach ᶜ*Ēn Šems*; Bezek im Nordostteil des samarischen Gebirges (*Ḫirbet Ibzīq* I) nach *Ḫirbet Ibzīq* II/III; Qiryataim im Ostjordanland *(Ḫirbet el-Qurēye)* nach *Qurēyet* ᶜ*Ayyūn eḏ-Ḏīb*; vielleicht auch Thaanat-Silo südöstl. von Sichem *(Ḫirbet Tāna el-fōqa)* nach *Ḫirbet Tāna et-taḥta* und *Ḫirbet Ḥayyān* (auch *Ḫirbet Abū Ručbe*) nach *Dēr Dubwān* u. a. m.

Die Beispiele ließen sich leicht vermehren. In nicht allzu häufigen Fällen kommt es in früharabischer oder mamlukischer Zeit zur Rückwanderung von der Nachfolgesiedlung auf die alte Ortslage, gelegentlich verbunden mit der Zerstörung oder dem Verfall der Nachfolgesiedlung und jedenfalls der Verkleinerung ihres Bevölkerungsbestandes.

Die politische Selbständigkeit Palästinas unter der Herrschaft der Hasmonäer war von kurzer Dauer. Der Verfall der hasmonäischen Macht nach Alexander Jannäus traf mit der römischen Eroberung des Nahen Ostens zusammen. Im Jahre 64 v. Chr. wurde Syrien römische Provinz, 63 zog Pompeius in Jerusalem ein und übernahm Judäa als römischen Vasallenstaat unter der schwachen Autorität des Hohenpriesters Hyrkan. Damit begann die nahezu siebenhundertjährige römische Hegemonie auf der syrisch-palästinischen Landbrücke. Zwar verschwanden die letzten Reste der seleukidischen Herrschaftsordnung in diesem Gebiet, aber die Römer fühlten sich als Erben und Sachwalter der griechisch-hellenistischen Zivilisation, die vor allem in den hellenistischen Städten blühte. Den Städten galt denn auch die besondere Aufmerksamkeit der Römer: Sie pflegten die vorhandenen, gründeten neue und vollendeten so den unter Ptolemäern und Seleukiden begonnenen Prozeß der Urbanisation des Orients.

Die territoriale Neuordnung Palästinas durch Pompeius und seinen Nachfolger Gabinius (57—55 v. Chr.) ist hauptsächlich aus vier Texten des Flavius Josephus zu erkennen: Ant. XIV, 4, 4 und Bell. Jud. I, 7, 7 für Pompeius; Ant. XIV, 5, 3 und Bell. Jud. I, 8, 4 für Gabinius; vgl. ferner etwa noch Strabo XVI, 2, 40. 76 sowie Inschriften und Münzprägungen. Nach diesen Quellen haben die Römer nicht gezögert, das von den Hasmonäern vereinigte jüdische Gebiet weitgehend aufzulösen. Sie zerschnitten es in eine südliche und eine nördliche Hälfte, nahmen Judäa den Zugang zum Mittelmeer und lösten die griechisch-hellenistischen Städte aus dem Verbande heraus, um mit ihnen eine Art Einkesselungsring um den territorial beträchtlich verkleinerten jüdischen Tributärstaat zu bilden. Folgende Städte sind zu nennen:

*a) in der Küstenebene:* Dor, Stratonsturm, Arethusa (wahrscheinlich *Rās el-ᶜĒn,* das biblische Aphek, hellenistisch *Pegae,* seit Herodes: Antipatris), Apollonia *(Arsūf),* Joppe *(Yaffā),* Jamnia *(Yabne),* Azotus (Asdod), Gaza u. a.

*b) im westjordanischen Binnenland:* Samaria *(Sebaṣṭye)* und Marissa (Marescha, die Metropole von West-Idumäa).

*c) im nördlichen Ostjordanland:* der vermutlich zwischen 64 und 61 v. Chr. begründete Städtebund der Dekapolis, über dessen Gestalt und Geschichte wenig bekannt ist. Nach Plinius, hist. nat. V, 74 gehörten dazu: Damaskus, Philadelphia *(ᶜAmmān),* Raphana *(er-Rāfe,* ca. 5 km nördl. von *Šēḫ Meskīn,* in der Trachonitis), Skythopolis

*(Bēsān)*, Gadara *(Umm Qēs)*, Hippos (aram. *Sūsīṭā*, arab. *Qalʿat el-Ḥöṣn*, am Ostufer des Sees von Tiberias), Dium *(Tell el-Ašʿarī?)*, Pella *(Ṭabaqāt Faḥil)*, Gerasa *(Ǧeraš)* und Canatha (*el-Qanawāt* im *Ḫaurān*). Das war der Stand der Dinge am Anfang, z. Z. des Pompeius. Später sind erhebliche, teilweise nicht mehr genau erkennbare Veränderungen eingetreten: Damaskus und Raphana schieden aus, Abila (*Tell Ābil*, ca. 20 km östl. von Gadara) kam hinzu u. a. m.

Das abzüglich dieser Stadtterritorien verbleibende jüdische Gebiet umfaßte: Judäa mit den neu hinzugefügten Toparchien Lydda, Haramatha, Aphairema und Akkraba; das Gebiet von Gezer; Ost-Idumäa; Galiläa (ohne die Ebene von Megiddo); Peräa als schmaler Landstreifen zwischen Amathus (*ʿAmmātā* am Ausgang des *Wādi Rāǧib* in den Jordangraben) im Norden und Machaerus (*el-Mešneqe* bei *Ḫirbet el-Mukāwer* östl. des Toten Meeres) im Süden. Gabinius gliederte dieses Gebiet verwaltungstechnisch in fünf Distrikte mit den Hauptorten Jerusalem, Jericho, Amathus, Sepphoris *(Ṣaffūrye)* und vielleicht Adoraim *(Dūra)* — eine Maßnahme, die 47 v. Chr. durch Julius Caesar wieder rückgängig gemacht wurde (unter Hinzugabe von Joppe und der Ebene von Megiddo). Man erkennt am raschen Wechsel territorialpolitischer Maßnahmen, daß die Römer bereits im ersten Stadium ihrer palästinischen Hegemonie durch Unsicherheiten und Schwierigkeiten daran gehindert waren, die Zügel fest in ihre Hand zu nehmen. Es zeigte sich, daß Palästina nicht mit derselben römischen Elle gemessen werden konnte wie z. B. Gallien, Dalmatien oder Pannonien.

Deshalb kam es den Römern vermutlich nicht ungelegen, daß einer ihrer eifrigsten und skrupellosesten Bewunderer, der judaisierte Idumäer Herodes, ihnen einen Teil der Sorge um Palästina abnahm. Vor der parthischen Invasion (40—37 v. Chr.) nach Rom geflohen und dort bereits im Jahre 40 vom Senat formell zum König von Judäa ernannt, ging Herodes daran, nach 37 (Rückgewinnung von Jerusalem) ein von den Römern zwar abhängiges, aber relativ selbständiges Reich aufzubauen. Während die Römer nach dem Abzug der Parther Syrien und Phönikien unter unmittelbare römische Verwaltung nahmen, leisteten sie Herodes jede erdenkliche Hilfe, vor allem im Zeitalter der *pax Romana* unter Augustus nach der Schlacht bei Actium (31 v. Chr.). Der Auf- und Ausbau des herodianischen Staatsgebildes ist im einzelnen hier nicht darzustellen. Der König gewann durch Schenkung, administrative Überstellung und Eroberung nach und nach Gebiete hinzu, die sein Reich mindestens ebenso groß machten wie das der Hasmonäer, als deren Erbe er sich fühlte. Kurz nach 31 v. Chr. erhielt er die fruchtbaren Ländereien im südlichen Jordangraben (vor allem die Oase von Jericho), die Marcus Antonius der ägyptischen Königin Kleopatra VII. als Domänen geschenkt hatte. Zwischen 30 und 23 v. Chr. kamen zahlreiche hellenistische Städte hinzu: Gaza, Anthedon (*Tēdā* unweit von Gaza), Apollonia *(Arsūf)*, Stratonsturm (in *Caesarea maris* oder *maritima* umbenannt), Gadara, Hippos, Paneas u. a. Samaria wurde ausgebaut und Sebaste *(Sebasṭye)* genannt, Antipatris *(Rās el-ᶜĒn)* so gut wie neu begründet. Um 23 v. Chr. und später gliederte Herodes auch Trachonitis, Auranitis und Batanäa seinem Reiche an. Bei alledem bemühte er sich trotz kräftiger Förderung der hellenistischen Kultur um die interne jüdische Kolonisation der neugewonnenen Gebiete, auch hierin ein Nachfolger der Hasmonäer. Außerhalb seines Herrschaftsbereiches blieben Dor und der Westteil des Karmelgebirges, die Bucht von Akko, Teile der Dekapolis, auch Teile der Ammonitis und Moabitis. Den Unterschieden zwischen Städten und ländlichen Gegenden trug Herodes nicht ungeschickt Rechnung: Die hellenistischen Städte waren *de iure* autonom, standen jedoch unter der Aufsicht königlicher Beamter; im überwiegend von Juden bewohnten „Königsland“ bestanden die Autorität des jüdischen Synhedriums und die herodianische Staatsverwaltung (Toparchien und μέρεις) nebeneinander. In nahezu allen Landesteilen entfaltete Herodes eine ungeheure Bautätigkeit. Er ließ völlig neue Städte aus dem Boden stampfen (z. B. Phasaelis = *Ḫirbet Faṣāyil* nördl. von Jericho), alte erneuern (z. B. Caesarea, Antipatris, Samaria u. a.) und überall Paläste und Festungen errichten. Vor allem die Festungen sind z. T. noch heute als Zeugen der Pracht, aber auch der Angst und des Schreckens im Lande sichtbar: die Zitadelle von Jerusalem (*el-Qalᶜa* mit den herodianischen Resten der Türme Phasael, Hippikus und Mariamne), Hyrkania (*Ḫirbet el-Mird* in der Ebene *el-Buqēaᶜ*), Herodeion mit dem Herodesgrab (*Ǧebel Ferdēs* oder *Furēdīs* bei Bethlehem), Masada (*es-Sebbe* am Toten Meer), Kypros (*ᶜAqbe Ǧabr)* mit dem Winterpalast bei Jericho *(Tilāl Abū'l-ᶜAlāyik)*, Alexandreion (*Qarn Ṣarṭabe* am Ausgang des *Wādi Fārᶜa* in den Jordangraben) und Machaerus östlich des Toten Meeres *(el-Mešneqe* bei *Ḫirbet el-Mukāwer)*. Einige davon waren bereits unter den Hasmonäern begonnen worden; sie erhielten durch Herodes ihre endgültige Gestalt. Seit 20/19 v. Chr. widmete sich Herodes, selbst von griechisch-hellenistischer Kultur und römisch gesinnt, dem Auf- und Ausbau des Jerusalemer Tempels und des dazugehörigen heiligen Areals *(Ḥaram eš-šerīf)*. Die Pracht und Herrlichkeit dieses sakralen Baukomplexes wird von Flavius Josephus (bes. Ant. XV, 11 und Bell. Jud. V, 5) ausführlich beschrieben.

Nach dem Tode des Herodes (4 v. Chr.) wurde das Reich entsprechend den testamentarischen Verfügungen des Königs, die Kaiser Augustus nicht ohne Zögern bestätigte, unter seine Söhne aufgeteilt. Es entstanden die herodianischen Nachfolgestaaten:

*1. Judäa, Idumäa, Samaria und das Küstengebiet von Caesarea:* unter dem Ethnarchen Archelaus. Die Städte Gaza, Gadara und Hippos wurden ausgespart und dem Proconsul von Syrien direkt unterstellt.

*2. Galiläa und Peräa:* unter dem Tetrarchen Herodes Antipas (Luther: „Vierfürst“, ein griech. Titel kleinasiatischer und vorderorientalischer Kleinfürsten, ursprüngl. unter der Voraussetzung der nach den vier Weltgegenden geordneten Gestalt eines zusammengehörigen Gebietes).

*3. Batanäa, Trachonitis, Auranitis, Gaulanitis, Paneas und Ulatha* (die *Ḥūle*-Region): unter dem Tetrarchen Philippus.

*4. Azotus, Jamnia und Phasaelis:* als Besitz der Salome, der Schwester des Herodes, unter Aufsicht des Ethnarchen Archelaus.

Die Nachfolger des Herodes setzten den Auf- und Ausbau von Städten in ihren jeweiligen Territorien fort: Archelaus gründete Archelais im westlichen Jordangraben (*Ḫirbet el-ᶜŌǧa et-taḥta*); Herodes Antipas vollendete um 18 n. Chr. Tiberias (*Ṭabarīye*) und Livias/Julias im östlichen Jordangraben (*Tell Iktanū* mit *Tell er-Rāme*); Philippus erweiterte Paneas (in *Caesarea Philippi* umbenannt) und Bethsaida am Nordende des Sees von Tiberias (in *Julias* umbenannt).

Aber das Experiment der herodianischen Nachfolgestaaten war politisch zum Scheitern verurteilt. Keiner der Herodessöhne besaß das Format des Vaters. Die Folge der jetzt beginnenden Wirren waren ständige, von den Römern herbeigeführte oder doch sanktionierte Territorialveränderungen. Im Jahre 6 n. Chr. wurde Archelaus verbannt und Judäa als prokuratorischer Verwaltungsbezirk den Römern unmittelbar unterstellt. Um 10 n. Chr. starb Salome; der südliche Jordangraben fiel als Domäne an die Kaiserin Livia, später an Tiberius. Die Tetrarchie des Philippus kam nach dessen Tode (34 n. Chr.) zunächst an den Proconsul von Syrien, 37 n. Chr. an den Herodesenkel Agrippa I., der alsbald durch die Gunst Caligulas die Königswürde und 40 n. Chr. auch die Tetrarchie des verbannten Herodes Antipas erhielt. Mit der Übernahme der Herrschaft auch über das Territorium des ehemaligen Ethnarchen Archelaus (41 n. Chr.) hatte Agrippa I. weite Teile des herodianischen Reiches wiedervereinigt, freilich nicht mit allen griechisch-hellenistischen Städten (z. B. *Caesarea maris*, Samaria/Sebaste, vielleicht auch Azotus und Jamnia). Doch dieses

Zwischenspiel dauerte nur bis 44 n. Chr.: Nach dem Tode Agrippas I. übernahm der römische Procurator in Caesarea die Verwaltung des Gesamtgebietes. Der langsame Aufstieg Agrippas II., der das ihm von den Römern überlassene Königreich Chalkis nach 50 mit der ehemaligen Tetrarchie des Philippus vertauschte und dazu Teile von Galiläa und Peräa gewann, fand durch den 1. Jüdischen Aufstand (66—70/73) ein Ende. Zwar ließen ihn die Römer bis zu seinem Tode 100 n. Chr. formell weiterregieren, aber ohne Einfluß auf das Geschick Palästinas. Nach 100 wurde dann das Gebiet der herodianischen Nachfolgestaaten den römischen Provinzen *Judaea* und *Syria* endgültig zugewiesen.

Die Ereignisse des 1. Jüdischen Aufstandes, der mit der Zerstörung Jerusalems durch Titus (70) und der Katastrophe von Masada (73) endete, mehr noch die des 2. Jüdischen Aufstandes (132—135) unter Bar-Kochba und Eleasar, lehrten die römische Zentralgewalt, daß man die Zügel in Palästina künftig nicht mehr so schleifen lassen dürfe, wie das bisher geschehen war. Die Römer verfolgten von nun an das Ziel, solche Revolten unmöglich zu machen. Sie strebten eine Territorialordnung an, die die römische Autorität stärken und befestigen, dagegen alles, was ihr zuwiderlief, schwächen sollte. Das war am ehesten unter Beachtung dreier Grundsätze zu erreichen: 1. Die Autonomie der Städte, natürlich eine Autonomie unter römischer Aufsicht, war soweit wie möglich zu fördern, und dem Bestreben der Städte, ihr Umland zu vergrößern, durften keinerlei Hindernisse in den Weg gelegt werden. 2. Das flache Land außerhalb der Stadtterritorien war strenger unter römische Kontrolle zu nehmen als bisher, nicht zuletzt dadurch, daß man der Verwaltungseinheit einen höheren Rang innerhalb des römischen Provinzialgefüges zuwies. 3. Es mußten ausreichende römische Truppenverbände im Lande stationiert werden. Im Zusammenhang damit war der Straßenbau zu forcieren, damit das Militär rasch von einem zum anderen Ort verlegt werden konnte und die Postverbindungen *(cursus publicus)* reibungslos funktionierten. Die Römer hatten in anderen Teilen des Imperiums längst Gelegenheit gehabt, diese Grundsätze zu erproben und zu praktizieren. Es ging jetzt darum, sie auf Palästina in eben dem Umfange anzuwenden, den dieses Gebiet vertrug.

Alsbald nach dem Ende des 1. Jüdischen Aufstandes wurde Judäa, bis dahin prokuratorischer Verwaltungsbezirk unter der formellen Autorität des syrischen Legaten, zur unabhängigen Provinz unter der Leitung eines *legatus Augusti pro praetore* von senatorischem Rang erhoben. Der Legat residierte in *Caesarea maris*. Die X. Fretensische

Legion jedoch, mit der Titus Jerusalem erobert hatte, wurde nicht am Sitz des Legaten, sondern im religiösen und politischen Zentrum des Judentums, also bei und in Jerusalem, stationiert. Die Provinz umfaßte die Küstenebene von Caesarea bis Raphia *(Refaḥ)*, Idumäa, Judäa, Samaria, Teile von Galiläa und Peräa sowie einige Städte der Dekapolis. Nach dem Tode Agrippas II. kamen hinzu: Tiberias, Taricheae (*el-Meǧdel* und *Ḫirbet el-Kerak* am Südwestufer des Sees von Tiberias), die Gaulanitis und jene Teile von Peräa, die bisher Agrippa II. untertan gewesen waren. Innerhalb dieses komplizierten Gefüges versuchten die Römer, die Urbanisation der Gebiete soweit wie möglich voranzutreiben. Bereits Vespasian (69—79) restituierte die Autonomie von Städten, die unter Pompeius autonom gewesen waren, ihre relative Selbständigkeit jedoch seitdem verloren hatten: z. B. Jamnia, Azotus, Antipatris, Apollonia u. a. m. Ferner erhielten Städte jetzt zum ersten Male das, was die Römer unter Stadtrecht verstanden: Joppe *(Flavia Joppe)*, Sepphoris (seit Hadrian: *Diocaesarea)*, Tiberias, *Colonia Flavia Neapolis (Nāblus)* u. a. Das Gebiet außerhalb der sich zusehends vergrößernden Stadtareale nannte man in der Sprache der Militärverwaltung *campus legionis* mit dem Zentrum Jerusalem. Der *campus* wurde in 9 Toparchien gegliedert: Orine (das Gebirge um Jerusalem, von griech. ὄρος), Beth(o)letepha (auch Pella genannt, *Bēt Nettīf)*, Emmaus *(ᶜAmwās)* Lydda *(Ludd)*, Thamna *(Ḫirbet Tibne)*, Gophna *(Ǧifnā)*, Herodium (*Ǧebel Ferdēs* bei Bethlehem), Bethogabris *(Bēt Ǧibrīn)* und Jericho. Nicht zu den städtischen Territorien gehörten auch die drei Distrikte von Peräa, Obergaliläa und die Gaulanitis.

In die Periode zwischen den beiden jüdischen Aufständen fallen Territorialveränderungen, die die Peripherie Palästinas stärker betrafen als das westjordanische Zentralgebiet. Unter Nerva (96—98) wurde im Ostjordanland die Stadt Capitolias gegründet (*Bēt Rās*, ca. 5 km nördl. von *Irbid*). Vor allem aber gehört in diesen Zeitraum die Unterwerfung des Nabatäerreiches und die Errichtung der römischen Provinz *Arabia* unter Trajan im Jahre 106. Hauptstadt der neuen Provinz war Petra (seit Hadrian: *Hadriana Petra Metropolis;* seit Heliogabal: *Colonia Antoniniana)*, Standort der *Legio III Cyrenaica* jedoch Bostra im *Ḫaurān (Boṣra eski Šām)*. Diese Konstruktion ähnelt dem Verhältnis von Zivil- und Militärverwaltung in der benachbarten Provinz Judäa (Caesarea — Jerusalem). Das Territorium der Provinz Arabia wurde alsbald um die Stadtgebiete von Philadelphia, Gerasa und Dium erweitert. Noch zu Lebzeiten Trajans (98 bis 117) wurde die große Verbindungsstraße zwischen Damaskus und dem Golf von ᶜ*Aqabā* — die *Via Nova Traiana* — in Angriff genommen und teilweise fertiggestellt. Sie verlief — wie römische Straßen öfter — auf der Trasse eines seit alters genutzten nordsüdlichen Verkehrsweges. Die Römer, Straßenbauer von hohen Graden, bauten sie aus, streckenweise mit Pflasterung, und versahen sie mit *mutationes* (Pferdewechselstationen), *mansiones* (Übernachtungsstationen) und Meilensteinen. Sie verband nun auch das militärische mit dem zivilen Zentrum der Provinz Arabia und hatte oder erhielt selbstverständlich Anschluß an das immer dichter werdende römische Straßennetz der Nachbarprovinzen.

Der 2. Jüdische Aufstand (132—135) nötigte die Römer schließlich auch zu Eingriffen in der Provinz Judäa, die zwischen den Kriegen kaum berührt worden war. Jerusalem wurde zur *Colonia Aelia Capitolina* mit den Toparchien Orine, Gophna, Herodium und Beth(o)letepha gemacht, die Juden vertrieben und ihnen das Betreten der Heiligen Stadt bei Todesstrafe verboten. In *Ceparcotnei* (*el-Leǧǧūn* bei Megiddo; seit Diocletian: *Maximianupolis*) stationierten die Römer die *Legio VI Ferrata*: Die Ebene von Megiddo hieß seitdem *campus maximus legionis.* Vor allem aber erlebte das westjordanische Gebiet mit seinen ostjordanischen Teilen noch einmal eine Rangerhöhung im römischen Provinzialsystem: Es wurde konsularische Provinz mit dem neuen Namen *Syria Palaestina.*

An diesem Stande der Dinge hat sich in den folgenden Jahrzehnten nicht viel geändert. Unter Septimius Severus (193—211) machte die Urbanisation Palästinas weitere Fortschritte. Alte, längst hellenisierte Ortschaften erhielten das Stadtrecht, einen neuen Namen und erweiterten ihr Gebiet um Areale und Toparchien der Provinz *Syria Palaestina*: z. B. Bethogabris *(Bēt Ǧibrīn)*, seit 200 *Eleutheropolis* mit Idumäa und dem Bezirk von Engeddi; Lydda *(Ludd)*, seit eben dieser Zeit *Diospolis* aus den Toparchien Lydda und Thamna u. a. m. Die Großprovinz Syria wurde in die Provinzen Syria und Phoenicia aufgeteilt, wobei Akko/Ptolemais, Caesarea Philippi und Dor zu Phoenicia kamen. Die Auranitis wechselte von der Provinz Syria nach Arabia hinüber. Der Urbanisationsprozeß kam z. Z. des Heliogabal (218 bis 222) zur Vollendung: Emmaus *(ᶜAmwās)* wurde 220/1 *Nicopolis.* Von nun an waren fast nur noch die kaiserlichen Domänen im südlichen Jordangraben und in Obergaliläa *(Tetracomia)* nichtstädtisch. Auch im Ostjordanland schritt die Urbanisation während des 2.—3. Jh. fort; das Ergebnis ist oft nur an den Münzprägungen abzulesen. Stadtrecht erhielten unter Trajan: *Areopolis* (Rabbath Moab, *er-Rabbe*); unter Heliogabal: *Characmoba (el-Kerak)* und *Aurelia Esbus* (Hesbon,

*Ḥesbān*); unter Philippus Arabs (244—249): *Philippopolis (Šaḫbā)* im *Ḫaurān*; unter Valerianus (253—260): *Adraene* (Edrei, *Derᶜā*).

Die Grundsätze der Territorialpolitik Diocletians (284—305) in Palästina unterschieden sich nur in Nuancen von denen seiner kaiserlichen Vorgänger. Er sorgte für die Aufteilung mittlerweile zu groß gewordener Provinzen, trennte stärker als bisher die Zivil- von der Militärverwaltung und gliederte die römischen Streitkräfte in *praesentiales* (stationiertes Militär) und *limitanei* (Grenztruppen). Die Hafenstadt Dor wechselte von Phoenicia nach Palaestina. Der gesamte Südteil der Großprovinz Arabia vom Golf von *ᶜAqabā* bis zum Arnon wurde Palaestina zugewiesen; zum Ausgleich kamen im Norden Batanäa und die Trachonitis an Arabia. Die komplizierten Details der Militärverwaltung und des Limes-Baues im Osten und Süden Palästinas sind hier nicht mehr in Betracht zu ziehen, zumal die Veränderungen und Neuordnungen bis weit ins byzantinische Zeitalter hineinreichen; vgl. das Militärhandbuch der *Notitia dignitatum* (um 400). Abschließend bleibt festzuhalten, daß die Provinz *Syria Palaestina* um 358 und 400 ihrerseits in drei Provinzen unterteilt wurde, ohne daß die Militärverwaltung davon berührt gewesen wäre: 1. *Palaestina Prima* (Hauptort *Caesarea maris*): Judäa, Idumäa, Samaria, Peräa; 2. *Palaestina Secunda* (Hauptort Skythopolis): Galiläa, Dekapolis, Gaulanitis; 3. *Palaestina Tertia sive Salutaris* (Hauptort Petra): die Südwüste, die *ᶜArabā* und der Süden der alten Provinz Arabia.

*Literatur:* Angesichts der kaum übersehbaren Fülle von Veröffentlichungen zum hellenistischen und römischen Palästina können die Literaturangaben zu § 11 nicht mehr als eine kleine Auswahl bieten. Einige Titel zum byzantinisch-christlichen Palästina, die den in § 11 behandelten Zeitraum überschreiten, sind zur weiterführenden Orientierung beigegeben.

*Zum hellenistisch-römischen Zeitalter:* A. Neubauer, La géographie du Talmud. Études Talmudiques 1 (1868). — E. Brünnow/A. v. Domaszewski, Die Provincia Arabia (1904—1909). — H. Thiersch—C. Peters, The Painted Tombs of Marissa (1905). — A. Musil, Arabia Petraea (1907/8). — R. Hartmann, Materialien zur historischen Topographie der Palaestina tertia. ZDPV 36 (1913) 100—113. 180—198. — W. Kubitschek, Zur Geschichte von Städten des römischen Kaiserreiches. Sitzungsberichte d. Kaiserl. Akademie d. Wiss. Wien, phil.-hist. Kl. 177, 4 (1916). — K. Lehmann-Hartleben, Die antiken Hafenanlagen des Mittelmeeres. Klio Beiheft 14 (1923). — G. Dalman, Orte und Wege Jesu (1924³). — U. Kahrstedt, Syrische Territorien in hellenistischer Zeit. Abh. d. Gesellschaft d. Wiss. Göttingen, phil.-hist. Kl. NF 19, 2 (1926). — G. Beyer, Die Stadtgebiete von Diospolis und Nikopolis im 4. Jh. n. Chr. und ihre Grenznachbarn. ZDPV 56 (1933) 218—253. — W. L. Westermann—E. S. Hasenoehrl, Zenon-Papyri (1934). — A. Momigliano,

Ricerche sull'organizzazione della Giudea sotto il dominio Romano (1934). — A. Alt, Zur Geschichte der Grenze zwischen Judäa und Samaria (1935). Kl. Schriften 2 (1953) 346—362. — A. H. M. Jones, Cities of the Eastern Roman Provinces (1937). — A. Alt, Galiläische Probleme (1937—1940). Kl. Schriften 2 (1953) 363—435. — O. Eißfeldt, Tempel und Kulte syrischer Städte in hellenistisch-römischer Zeit. AO 40 (1941). — A. Alt, Die Stätten des Wirkens Jesu in Galiläa territorialgeschichtlich betrachtet (1949). Kl. Schriften 2 (1953) 436—456. — O. Plöger, Die makkabäischen Burgen. ZDPV 71 (1955) 141 bis 172. — E. Bammel, Die Neuordnung des Pompeius und das römisch-jüdische Bündnis. ZDPV 75 (1959) 76—82. — M. Avi-Yonah, Oriental Art in Roman Palestine (1961). — G. Harder, Herodes-Burgen und Herodes-Städte im Jordangraben. ZDPV 78 (1962) 49—63. — H. Bietenhart, Die Dekapolis von Pompeius bis Traian. ZDPV 79 (1963) 24—58. — J. Jeremias, Jerusalem zur Zeit Jesu (1963³). — J. Elgavish, Excavations of Shiqmona, the Camp of a Greek Garrison from the Time of the Hasmonaeans (1972). — *Zum römischen Straßennetz:* P. Thomsen, Die römischen Meilensteine der Provinzen Syria, Arabia und Palaestina. ZDPV 40 (1917) 1—103. — G. Beyer, Die Meilenzählung der Römerstraße von Petra nach Bostra und ihre territorialgeschichtliche Bedeutung. ZDPV 58 (1935) 129—159. — A. Alt, Aus der ᶜAraba II. Römische Kastelle und Straßen usw. ZDPV 58 (1935) 1—78. — M. Avi-Yonah, Map of Roman Palestine (1940²). — R. Chevallier, Les voies romaines. Série „Histoire ancienne" (1972). — J. Wilkinson, The Way from Jerusalem to Jericho. BA 37 (1974) 10—24. — *Zum römischen Limes:* A. v. Domaszewski, Die Namen römischer Kastelle am Limes Arabicus. Festschrift H. Kiepert (1898) 55—69. — A. Alt, Limes Palaestinae I—III. PJB 26 (1930) 43—82; 27 (1931) 75—84. — A. Poidebard, La trace de Rome dans le Désert de Syrie: Le Limes de Trajan à la conquête arabe (1934). — R. Mouterde—A. Poidebard, Le Limes de Chalcis. Organisation de la Steppe en Haute Syrie Romaine (1945). — M. Gichon, The Limes in the Negev, from its Foundation down to Diocletianic Times (hebr.) (Diss. Jerusalem 1968). — A. Kloner, Dams and Reservoirs in the North-Eastern Mountains of the Negev (hebr.). Eretz-Israel 11 (1973) 248—257.

*Zum jüdischen Palästina:* S. Krauss, Talmudische Archäologie I—III (1910/1912). — O. Eißfeldt, Die Wandbilder der Synagoge von Dura-Europos (1957). Kl. Schriften 3 (1966) 426—440. — J. Jeremias, Heiligengräber in Jesu Umwelt (1958). — I. Lewy, The Synagogue, its History and Function (1963). — N. Avigad, Relics of Ancient Jewish Art in Galilee (hebr.) Eretz-Israel 7 (1964) 18—23. — Ders., Ancient Synagogues in Galilee. Ariel 19 (1967) 25—40. — V. Corbo u. a., La Sinagoga di Cafarnao dopo gli scavi del 1969. Pubbl. della Stud. Bibl. Francisc., coll. min. 9 (1970). — E. M. Meyers, Jewish Ossuaries, Reburial and Rebirth. Secondary Burials in Their Ancient Near Eastern Setting. Biblica et Orientalia 24 (1971). — S. J. Saller, Second Revised Catalogue of the Ancient Synagogues of the Holy Land. Publications of the Studium Biblicum Franciscanum, coll. min. 6 (1972). — P. Neaman, Enzyklopädie der talmudischen Geographie (hebr.) (1971/72). —

V. Corbo, La Sinagoga di Cafarnao dopo gli scavi del 1972. FrancLA 22 (1972) 204—235. — S. Loffreda, The Synagogue of Capharnaum. Archaeological Evidence for Its Late Chronology. FrancLA 22 (1972) 5—29. — Z. Yeivin, Excavations at Khorazin 1962—64 (hebr.). Eretz-Israel 11 (1973) 144—157. — G. Foerster, Alte Synagogen in der Wüste Juda und in der Ebene von Jericho. Ṭevaᶜ we-ᵓAretz 15 (1973) 139—143 (hebr.). — M. Avi-Yonah, Ancient Synagogues. Ariel 32 (1973) 29—43. — A. Ben-David, Talmudische Ökonomie I. Die Wirtschaft des jüdischen Palästina z. Z. der Mischna und des Talmud (1974). — J. Gutmann (ed.), The Synagogue. Studies in Origins, Archaeology and Architecture (1975).

*Zum byzantinisch-christlichen Palästina:* K. Marti, Mittheilungen von Baurat C. Schick in Jerusalem über die Lauren und Klöster in der Wüste Juda. ZDPV 3 (1880) 1—43. — O. Meinardus, Notes on the Laurae and Monasteries of the Wilderness of Judaea. Franc LA 15 (1964 f.) 220—250. — V. Magliocco, Il monastero di S. Caterina nel Sinai (1964). — *(Kirchen)* A. Baumstark, Die modestianischen und konstantinischen Bauten am Hl. Grab zu Jerusalem (1915, Nachdruck 1967). — A. E. Mader, Altchristliche Basiliken und Lokaltraditionen in Südjudäa (1918, Nachdruck 1967). — J. W. Crowfoot, Churches at Jerash. British School of Archaeology in Jerusalem, Suppl. Paper 3 (1931). — Ders., Churches at Bosra and Samaria-Sebaste. British School of Archaeology in Jerusalem, Suppl. Paper 4 (1937). — E. A. Moore, The Ancient Churches of Jerusalem (1961). — P. J. Riis, Temple, Church and Mosque. Hist.-fil. Meddelelser, Kong. Danske Videnskabernes Selskab 40, 5 (1965). — M. W. Prausnitz (ed.), Excavations at Shavei Zion. The Early Christian Church. Monografie di Archeologia e Arte 2 (1967). — G. T. Armstrong, Imperial Church Building in the Holy Land in the $4^{th}$ Century. BA 90 (1967) 80—102. — Ders., $5^{th}$ and $6^{th}$ Century Church Buildings in the Holy Land. Greek Orthodox Theological Review 14 (1969) 17—30. — V. Corbo, La basilica del S. Sepolcro a Gerusalemme. Rassegna archeologica delle strutture degli edifici nel 1969. Franc LA 19 (1969) 64—144. — G. Bushell, Churches of the Holy Land. Sabra Books (1969). — J. Meysing, Tabgha. Seine drei Heiligtümer in der christlichen Tradition im Laufe der Zeit. Hl. Land 98 (1968) 1—16. — S. Loffreda, Scavi di Tabgha. Relazione finale della campagna di scavi, 25. 3.—20. 6. 1969. Pubbl. della Stud. Bibl. Francisc., coll. min. 7 (1970). — A. Ovadiah, Corpus of the Byzantine Churches in the Holy Land. Theophaneia 22 (1970). — *(Allgemeines)* J. A. Thompson, Archaeology and the New Testament (1960). — B. Bagatti, Le origini delle tradizioni dei Luoghi Santi in Palestina. Franc LA 14 (1963 f.) 32—64. — Ders., Le antichità di Kh. Qana e di Kefr Kenna in Galilea. Franc LA 15 (1964 f.) 251—292. — W. Lowrie, The Art in the Early Church. The Cloister Library TB 124 (1965). — R. Krautheimer, Early Christian and Byzantine Architecture. Pelican History of Art 24 (1965). — E. Kitzinger, Byzantinische Mosaiken in Israel. UNESCO Taschenbücher der Kunst, U 14 (1965). — A. Grabar, Le premier art chrétien (200—395). L'univers des formes (1966). — E. Dinkler, Älteste christliche Denkmäler. Bestand und Chronologie. Signum Crucis (1967) 134—178. — S. Saller, Hellenistic to Arabic Remains at Nebo, Jordan. Franc LA 17 (1967) 5—62. — C. Andresen, Einführung in die christliche Archäologie (1971). — K. Wessel (ed.), Reallexikon zur byzantinischen Kunst (seit 1971). — B. Bagatti, Antichi villaggi cristiani di Galilea. Pubbl. della Stud. Bibl. Francisc., coll. min. 13 (1971). — E. Kirschbaum (ed.), Lexikon der christlichen Ikonographie (1972). — S. S. Alexander, Studies in Constantinian Church Architecture. Rivista di Archeologia Christiana 47 (1971) 281—330; 49 (1973) 33—44. — P. du Bourget, Early Christian Art (engl. Ausgabe 1971). — B. Bagatti, Le antiche chiese di Filadelfia — ᶜAmman. FrancLA 23 (1973) 261—285. — M. Gough, The Origins of Christian Art. World of Art Library — History of Art (1973). — M. Piccirillo, Campagna archeologica a Kh. el Mukhayyet (Città del Nebo), agosto — sett. 1973. FrancLA 23 (1973) 322—358.

# ABKÜRZUNGSVERZEICHNIS

| | |
|---|---|
| AASOR | Annual of the American Schools of Oriental Research |
| ABLAK | M. Noth, Aufsätze zur Biblischen Landes- und Altertumskunde, 2 Bde. (1971) |
| ADAJ | Annual of the Department of Antiquities of Jordan |
| AJA | American Journal of Archaeology |
| AJSL | American Journal of Semitic Languages |
| Ant. | Josephus, Antiquitates Judaicae |
| AO | Der Alte Orient. Gemeinverständliche Darstellungen |
| APAW | Abhandlungen der Preußischen Akademie der Wissenschaften |
| BA | The Biblical Archaeologist |
| BASOR | Bulletin of the American Schools of Oriental Research |
| Bell. Jud. | Josephus, Bellum Judaicum |
| BIES | The Bulletin of the Israel Exploration Society |
| BZAW | Beihefte zur Zeitschrift für die alttestamentliche Wissenschaft |
| CAH | The Cambridge Ancient History |
| CRAI | Comptes rendus de l'Académie des Inscriptions et Belles Lettres, Paris |
| CSEL | Corpus Scriptorum Ecclesiasticorum Latinorum, ed. Kaiserl. Akademie der Wissenschaften zu Wien |
| DPV | Deutscher Verein zur Erforschung Palästinas |
| Franc LA | Studii Biblici Franciscani Liber Annualis |
| FRLANT | Forschungen zur Religion und Literatur des Alten und Neuen Testaments |
| GCS | Die griechischen christlichen Schriftsteller der ersten drei Jahrhunderte, ed. Preußische Akademie der Wissenschaften |
| HAT | Handbuch zum Alten Testament |
| HUCA | Hebrew Union College Annual |
| IEJ | Israel Exploration Journal |
| IsrJEarthSci | Israel Journal of Earth-Sciences |
| JBL | Journal of Biblical Literature |
| JEOL | Jaarbericht . . . Ex Oriente Lux |
| JNES | Journal of Near Eastern Studies |
| JPOS | Journal of the Palestine Oriental Society |
| KAI | H. Donner—W. Röllig, Kanaanäische und aramäische Inschriften, 3 Bde. (I, 1971[3]; II, 1973[3]; III, 1976[3]). |
| MUSJ | Mélanges de l'Université Saint-Joseph, Beyrouth |

| | |
|---|---|
| Or | Orientalia |
| OrAnt | Oriens Antiquus |
| OIP | Oriental Institute Publications, Chicago |
| OTS | Oudtestamentische Studien |
| PEF | Palestine Exploration Fund |
| PEF Ann. | Palestine Exploration Fund Annual |
| PEF Qu.St. | Palestine Exploration Fund Quarterly Statements |
| PEQ | Palestine Exploration Quarterly |
| PJB | Palästinajahrbuch |
| Plinius, nat. hist. | Plinius, naturalis historia |
| PPS | Pravoslavnyj Palestinskij Sbornik |
| PS | Palestinskij Sbornik |
| QDAP | Quarterly of the Department of Antiquities in Palestine |
| RA | Revue d'Assyriologie |
| RB | Revue Biblique |
| RDE | Rowohlts deutsche Enzyklopädie |
| RSO | Rivista degli Studi Orientali |
| VT | Vetus Testamentum |
| WdO | Die Welt des Orients |
| ZAW | Zeitschrift für die alttestamentliche Wissenschaft |
| ZDPV | Zeitschrift des Deutschen Palästina-Vereins |

Weitere Abkürzungen:

| | |
|---|---|
| AT | Altes Testament |
| Ann. | Annual |
| Bde. | Bände |
| bes. | besonders |
| Bull. | Bulletin |
| ca. | circa |
| coll. min. | collectio minor |
| d. h. | das heißt |
| Diss. | Dissertation |
| ed. | herausgegeben, Herausgeber |
| f(f). | folgende(r) |
| fem. | femininum, weiblich |
| Jahrt. | Jahrtausend |
| Jh. | Jahrhundert |
| masc. | masculinum, männlich |
| NF | Neue Folge |
| NS | Nova Series |
| Onom. | Onomastikon |
| plur. | pluralis, Mehrzahl |
| sing. | singularis, Einzahl |

| | |
|---|---|
| sog. | sogenannt |
| Suppl. | Supplement |
| u. a. (m.) | und andere (mehr) |
| u. ä. | und ähnlich(e) |
| u. dgl. | und dergleichen |
| u. ö. | und öfter |
| vgl. | vergleiche |
| z. B. | zum Beispiel |
| z. T. | zum Teil |
| z. Z. | zur Zeit |